Sobre
La Paz
Mundial

Kabbalah Centre Publishing es una unidad de negocio registrada de
Kabbalah Centre International, Inc.

Para más información:

The Kabbalah Centre
155 E. 48th St., New York, NY 10017
1062 S. Robertson Blvd., Los Ángeles, CA 90035

Número gratuito en Estados Unidos: 1 800 KABBALAH

es.kabbalah.com

Impreso en Estados Unidos, mayo 2017

ISBN: 978-1-57189-951-4

Diseño: HL Design (Hyun Min Lee) www.hldesignco.com

Sobre La Paz Mundial

os ensayos del Santo Kabbalista Rav Yehuda Áshlag

KABBALAH CENTRE PUBLISHING

Rav Yehuda Áshlag

Editado por Michael Berg

Tabla de Contenido

Parte Dos: Un Precepto

Reconocimiento

Agradezco a Meir Yeshurún por toda su ayuda y diligencia en preparar estos escritos para su impresión.

Introducción

Es una ocasión sumamente feliz poder compartir este libro. Por más de dos años hemos estado investigando, reuniendo y preparando para su impresión muchas de las obras no publicadas de nuestro maestro y fundador del Centro de Kabbalah, Rav Yehuda Áshlag.

El autor de estas obras, el Santo Kabbalista Rav Yehuda Áshlag, de bendita memoria, fue el más grande kabbalista de nuestro tiempo así como uno de los pensadores más avanzados. A diferencia de muchos que vinieron antes que él que pudieron haber sido semejantes a él en erudición, sabiduría y santidad, Rav Áshlag fue un revolucionario. Lo que distingue a Rav Áshlag de otros gigantes espirituales es que él conocía que el propósito principal de esta sabiduría, y verdaderamente de todas las sabidurías, no era simplemente aprender y volverse cultivado. Él sabía que el propósito principal de la verdadera sabiduría era cambiar a nuestro mundo y crear un nuevo mundo y una nueva realidad.

El verdadero kabbalista sabe con certeza que el mundo como lo conocemos y hemos conocido por miles de años —un mundo lleno de dolor, sufrimiento y muerte— debe cambiar. No es así como la vida y nuestra existencia están predestinadas a permanecer. Al tener la convicción y la certeza en este entendimiento, él hace todo lo que puede para estudiar, escribir, enseñar y difundir este entendimiento a tanta gente como sea posible. A través de esta obra, sabe que puede producir el nuevo mundo en el que estamos predestinados a vivir: un mundo sin dolor, sin sufrimiento, sin guerras y sin muerte.

Los dos artículos en este libro son parte de esa obra. Rav Áshlag desarrolla y comparte algunas de las más importantes enseñanzas que el mundo necesita oír y entender para crear paz duradera y cambio real.

Mientras lees este libro espero que te sientas inspirado para hacer tanto como puedas, para lograr mucho más de lo que hemos hecho hasta ahora a fin de producir este cambio en el mundo.

Es importante saber que aun antes de que hagamos una simple acción para producir un cambio real y una verdadera paz mundial, nuestros pensamientos y conciencia acerca de estos temas tan importantes deben cambiar. Es también inspirador darse cuenta de que la conciencia por sí misma crea cambio. Mi padre y maestro, Rav Berg, frecuentemente nos recordaba que "la conciencia lo es todo", y cuando cambiamos nuestra conciencia acerca de estos temas importantes estamos realmente empezando a crear cambio en nuestro mundo.

Podemos y debemos producir este cambio en nuestro tiempo de vida. Es mi deseo y plegaria que este libro nos acerque a crear este cambio y experimentar paz verdadera personal y global.

Bendiciones,

Michael

Parte Uno

Paz Mundial

חלק ראשון

שלום העולם

Paz Mundial

La Misericordia y la Verdad se han reunido,
la Justicia y la Paz se han besado.
La Verdad brota de la Tierra,
y la Justicia observa desde el Cielo.
También el Creador dará lo bueno
y nuestra tierra rendirá sus cosechas.
(Salmos 13-85:11)

Todo en la realidad tiene el derecho a existir

Todo lo que existe en la realidad, sea bueno o malo —incluyendo lo más maligno y destructor en el mundo— tiene el derecho a existir, al grado que destruirlo y eliminarlo completamente del mundo está prohibido. Más bien, nuestro deber es solamente arreglarlo y guiarlo hacia la bondad, porque aun una observación fortuita de cualquier clase sobre la obra de la Creación que está delante de nosotros es bastante [para nosotros] para inferir el elevado grado de perfección de Aquel que la creó.

Por lo tanto, tenemos que entender y tener mucho cuidado de no hallar faltas en ninguna parte de la Creación, declarando [que esta parte o aquella] es superflua e innecesaria, porque esto equivale a atribuirle un mal nombre, el Cielo no lo permita, a Aquel que la Creó.

Es ampliamente sabido que durante los días de la Creación, el Creador no completó Su Creación. Es por esto que encontramos que todas y cada parte de la realidad, tanto en lo general como en sus particularidades, está sujeta a las leyes de le evolución gradual, de un estado de completa ausencia hasta el punto de su máximo crecimiento.

בקורת לשלום העולם

חסד ואמת נפגשו,
צדק ושלום נשקו,
אמת מארץ תצמח
וצדק משמים נשקף.
גם ה' יתן הטוב,
וארצנו תתן יבולה.
(תהלים פה', יא')

כל דבר שישנו במציאות יש לו זכות קיום

כל דבר שישנו בהמציאות, הן טוב והן רע, ואפילו היותר רע ומזיק שבעולם, יש לו זכות קיום, במדה, שאסור להשחיתו ולבערו כליל מהעולם, אלא שמוטל עלינו רק לתקנו ולהביאו למוטב, שהרי מתוך הסתכלות כל שהיא במלאכת הבריאה שלפנינו, די לנו להחליט על גודל מדת שלימותו של הפועל אותה.

ולכן עלינו להבין להזהר מלהטיל דופי בשום פרט מהבריאה לומר שמיותר הוא ואין בו צורך, שיש בזה משום הוצאת שם רע ח"ו חס ושלום על הפועל שלה.

אמנם דבר זה ידוע לכל, שהבורא ית' יתברך לא השלים את הבריאה בעת שבראה כי כן אנו מוצאים בכל פנה ופנה מהמציאות שלפנינו, והן בכללותה והן בפרטיותה, נתונה היא תחת חוקים של התפתחות הדרגתי, החל מן ההעדר עד גמר גידולו.

Esta es la razón por la que, por ejemplo, cuando probamos la acritud de una fruta en sus etapas iniciales de crecimiento, no juzgamos que esta es [lit. como una existencia de] una falta o una imperfección en la fruta. Todos sabemos la razón para el sabor agrio: es porque la fruta todavía no ha completado su [crecimiento o] proceso de evolución hasta el final.

Este, también, es el caso con todas las otras partes particulares de la realidad. Así, si sentimos que alguna parte particular de la Creación es destructiva o maligna, esto indica solamente que es una fase de transición en términos de su proceso evolutivo. En todo caso, no debemos concluir que no es buena y encontrar faltas en esta parte particular, porque esto sería necio.

ומטעם זה, אם למשל אנו טועמים טעם מר בפירי בפרי בתחילת גידולה, אין הדבר נידון אצלינו כמציאות מום ודופי בהפירי, משום, שכולנו יודעים את הסבה, שהוא משום שהפירי הזו עדיין לא גמרה את תהליך ההתפתחות שלה עד לקצה.

וכזה הוא המקרה ביתר הפרטים של המציאות, אם אך מרגישים בחינת רע והזק באיזה פרט, הנה זה רק מעיד על עצמו, שנמצא עדיין במצב של מדרגת מעבר מן תהליך ההתפתחותי שלו, ובכל אופן אין לנו לקבוע ולהחליט כי ברע הוא ולהטיל דופי בפרט הזה, כי לא מחכמה הוא.

Falsos reformadores del mundo

Esta es la fuente de todas las debilidades de los reformadores del mundo a través de la historia: han mirado a los seres humanos como si estos fueran máquinas funcionando inapropiadamente que necesitan reparación, esto es: las partes dañadas deben ser quitadas y reemplazadas por otras apropiadamente corregidas. Este es el único propósito de estos reformadores del mundo: exterminar todo lo que es malo y destructivo en la especie humana.

Y de hecho, si no se hubiera levantado el Creador Mismo contra ellos, seguramente habrían tenido éxito hace mucho en cerner al ser humano como a través de un cedazo dejando en él solamente eso que es bueno y benéfico. Pero el Creador guarda todos los aspectos de Su Creación con gran cuidado y no deja que nadie destruya algo que está en Su posesión; solamente permite [a estos "reformadores"] enderezar [a una persona] [lit. restaurarla] y transformarla para bien, como se explicó antes.

Por lo tanto, todos estos falsos reformadores del mundo desaparecerían de la faz de la Tierra, en tanto que las cualidades malas del mundo no serían eliminadas de la faz de la Tierra; más bien, ellas [las malas cualidades] están esperando y contando el número de niveles de evolución a través de los cuales necesitan atravesar hasta que hayan evolucionado al más alto nivel [lit. llegado a un proceso completo de madurez].

Según este punto, esas mismísimas cualidades malas se habrán transformado y vuelto buenas y benéficas, como el Creador había concebido originalmente para ellas. Esto es como una fruta en la rama de un árbol, esperando y contando los días y meses en que debe atravesar su proceso de maduración hasta que este es completado; cuando su sabor y dulzura serán revelados a todos.

מתקני העולם המדומים

ומכאן כל החולשות למתקני העולם שבהדורות, כי המה רואים את האדם כמו מכונה שאינה עובדת כראוי, שצריכים לתקנה, דהיינו להסיר ממנה את החלקים המקולקלים להחליפם באחרים המתוקנים. כן כל מגמתם של המתקני עולם הללו, רק לבער את כל רע וכל מזיק שבמין האדם.

ואמת הוא, שלולא הבורא ית' בעצמו עמד לנגדם, ודאי שהיו כבר מספיקים מזמן לנפות את האדם ככברה, ולהותיר בו רק טוב ומועיל בלבד. אלא, מתוך שהבורא ית' שומר על כל הפרטים שבהבריאה שלו בהקפדה יתירה, ואינו מרשה למי שהוא, להשחית שום דבר שברשותו, אלא רק להחזירו ולהפכו למוטב בלבד, כדברינו לעיל.

לפיכך כל המתקנים ממין האמור יתמו מהארץ, והמדות הרעות שבעולם לא יתמו מהארץ, אלא שמחכים ומונים את מספר המדרגות של התפתחות המחויבים עוד לעבור עליהם, עד שיבואו לגמר בישולם.

אשר אז אותם המדות רעות בעצמן מתהפכות ונעשות למדות טובות ומועילות, כמו שחשב עליהם הבורא ית' מראש. בדומה לפירי היושבת לה על ענפי העץ, ומחכה וסופרת לה הימים והחדשים המחויבים עוד לעבור עליה, עד שתגמור בישולה, שיתגלה אז טעמה ומתיקותה לכל אדם.

Gobierno del Cielo y Gobierno de la Tierra

Por supuesto, uno debe saber que la dicha ley de evolución, que se aplica a toda la realidad y que promete transformar cualquier cosa que no es buena en algo bueno y benéfico, es capaz de actuar por medio del poder del gobierno del Cielo Arriba, esto es: sin consultar con los humanos que habitan en la Tierra.

Por la otra parte, el Creador ha conferido a los humanos sabiduría y poder para gobernar y los ha capacitado para tomar la dicha ley de evolución bajo su propia autoridad y poder de gobernar, y al hacerlo así le permite a uno acelerar grandemente este proceso de evolución, de acuerdo con su voluntad y en completa libertad e independencia, con respecto a la limitación del tiempo.

Así, hay dos [formas de] Gobierno que actúan de acuerdo con esta evolución. Uno es el Gobierno del Cielo, que asegura la transformación de todo lo que es malo y destructivo en ser bueno y benéfico, aunque este procedimiento, por su propia naturaleza, toma tiempo y se mueve extremadamente lento y perezoso. Y si lo que está evolucionando es un ser vivo sensible, el resultado es que sufre horribles dolores y angustia mientras yace bajo la compresión de la evolución, la cual se mueve con crueldad inmensa.

Por la otra parte, está el Gobierno de la Tierra, que significa seres humanos, que han asumido el poder de gobernar sobre las leyes de la evolución. Estas personas son suficientemente poderosas para liberarse de los grilletes del tiempo, y al hacerlo, están apresurando el Final, lo cual significa el final del proceso de maduración y corrección, que es el final de su desarrollo.

Y esto está de acuerdo con lo que los sabios dijeron (*Talmud*, Tratado *Sanhedrín*, 98a) acerca del fin del proceso de salvación y redención para los israelitas. Comentando sobre la cita: "Yo soy el Eterno; en su tiempo, Yo lo apresuraré", dijeron ellos: "Si ellos merecen esto, Yo lo apresuraré; si no lo merecen, será en su momento" (Isaías 60:22).

ממשלת השמים וממשלת הארץ

אמנם יש לדעת, שחוק התפתחות האמור השפוך על כל המציאות המבטיח להחזיר כל רע לטוב ומועיל, הנה הוא פועל את כל פעולותיו בכח ממשלת השמים ממעל, כלומר, מבלי שאלת פיהם של בני האדם יושבי הארץ.

ולעומת זה, אמנם, שכל וממשלה נתן השי"ת בהאדם, והרשהו לקבל את חוק ההתפתחות האמור, תחת רשותו וממשלתו עצמו, אשר אז נמצא בזה שממהר מאד את הפרוצדורא תהליך הזאת של ההתפתחות, לפי חפצו, באופן חפשי ובלתי תלוי לגמרי בכבלי הזמן.

באופן, שיש כאן ב' ממשלות הפועלות בדרכי התפתחות האמורה: אחת היא ממשלת השמים, המבטחת לעצמה להחזיר כל רע ומזיק לטוב ומועיל, אלא שבא בעתו כדרכו בכבדות ובאריכת הזמן. ואם הדבר המתפתח הוא בעל חי ומרגיש, נמצא שסובל כאבים ויסורין נוראים, בזמן שמונח תחת מכבש ההתפתחות, העושה דרכיו באכזריות רבה.

ולעומת זה יש ממשלת הארץ דהיינו בני אדם, שלקחו את חוקי ההתפתחות האמור, תחת ממשלתם עצמם, שכחם יפה, להשתחרר לגמרי מכבלי הזמן, ונמצאים ממהרים מאד את הקץ, כלומר, את גמר בישולו ותיקונו של הדבר, שהוא הקץ של ההתפתחות שלו.

וכדברים האלה אמרו חכמינו ז"ל, (בסנהדרין [דף] צ"ח עמוד ע"א) על גמר גאולתם וגמר תיקונם של ישראל, שביארו הכתוב (ישעיהו ס', כב'), אני ה' בעתה אחישנה: זכו - אחישנה, לא זכו - בעתה.

Liberado de los grilletes del tiempo

Ellos quieren decir [aquí] que si los israelitas merecen y adoptan la ley de la evolución —por medio de la cual transforman sus cualidades malas en buenas— y la traen [a la evolución] bajo su propio gobierno, lo cual significa que enfocarán sus corazones y sus mentes en corregir sus malas cualidades y transformarlas en buenas, entonces: "Yo [el Creador] lo apresuraré".

Eso significa que los israelitas serían de este modo completamente liberados de los grilletes del tiempo. Pero este Final es enteramente dependiente de su propio deseo, lo cual significa que esta es una función de la mayoría de sus acciones y atención. De esta [manera] ellos se encontrarían "apresurando" el Final. Pero [aun] si no merecieron tomar la evolución de sus cualidades malas bajo su propio gobierno, sino que escogieron dejarla en las manos del Gobierno del Cielo, todavía les está [lit. aún entonces] garantizada la consumación de su salvación y el cumplimiento de su corrección.

[Esto es] debido a que tienen [lit. hay] confianza absoluta en el Gobierno del Cielo, que opera de acuerdo con la ley de la evolución gradual, [corrigiendo] nivel tras nivel, hasta que transforma todo lo que es malo y destructivo en bueno y benéfico, tal como la fruta en el árbol. Y el Final es seguro, excepto que vendrá "en su tiempo". Esto significa que la materia es completamente dependiente de, y conectada a la dimensión del tiempo porque este desarrollo gradual debe pasar a través de muchos niveles de varias clases hasta que llega a su Final. La naturaleza de este proceso es proceder muy lentamente y termina tomando un tiempo verdaderamente largo.

Lo que emerge de lo que hemos discutido hasta aquí es que lo que se está desarrollando es un ser viviente sensitivo, quien debe, en el curso de pasar a través de estas etapas evolutivas, atravesar un grande y terrible sufrimiento. Esto es porque la fuerza conductora inherente a cada nivel [lit. estos niveles] —una fuerza que es capaz de empujar

משוחררים מכבלי הזמן

רצונם לומר, שאם יזכו ישראל ויקחו את חוק התפתחות, הצריך לעבור על מדותיהם הרעות עד שיתהפכו לטובות, ויביאו אותו תחת ממשלתם עצמם, דהיינו שישימו לבם ודעתם לתקן בעצמם את כל המדות הרעות שבהם, ולהפך אותם למדות טובות, אז "אחישנה".

כלומר, שנמצאים משוחררים לגמרי מכבלי הזמן, אלא הקץ הזה תלוי מעתה בחפצם עצמם, דהיינו רק לפי רוב המעשה והתשומת לב, ונמצאים בזה ש"מחישים" את הקץ. אבל אם לא זכו לקבל את התפתחות מדותיהם הרעות תחת ממשלתם עצמם, אלא יעזבוהו תחת ממשלת השמים, הנה גם אז, מובטחים בגמר גאולתם ובגמר תיקונם.

כי יש בטחון מלא בממשלת השמים, הפועלת על פי חוק ההתפתחות הדרגתי, מדרגה אחר מדרגה, עד שמהפכת כל רע ומזיק לטוב ומועיל, כמו הפירי על העץ, והקץ בטוח לגמרי אלא "בעתה". כלומר, שכבר הדבר תלוי ומקושר לגמרי במדת הזמן, כי התפתחות הדרגתי הזה עד ביאתו להקץ, הנה מוכרח לעבור עליו מדרגות שונות ומרובות, שדרכם לבא בכבדות ובאטיות גדולה וארוכה ביותר עד שלוקחים זמן מרובה מאד.

ומתוך שבנידון לפנינו, הרי דבר המתפתח הם בעלי חיים ומרגישים, הנה מוכרחים ג"כ גם כן לקבל במצבי התפתחות הללו, יסורין גדולים ונוראים ביותר, משום שכל הכח הדוחף שישנו במדרגות הללו, עד כדי להעלות האדם ממדרגה נמוכה למדרגה מעולה ממנה, אינו יותר, רק מסבת כח

a un ser humano de un nivel inferior a uno superior— es poderosa simplemente porque usa la energía impulsora del sufrimiento y el dolor que se han acumulado en el nivel inferior. Solamente cuando este [dolor y sufrimiento] se ha vuelto intolerable se ve uno obligado a abandonar ese nivel y ascender a uno más importante.

Los sabios dijeron: "El Creador instala un rey para aquellos cuyos decretos son tan duros como esos de Hamán[1]. Entonces los israelitas hacen teshuvá [arrepentimiento], después de lo cual Él los trae de regreso al buen [camino]" (*Talmud*, Tratado *Sanhedrín*, 97b). Y el Final que es prometido a los israelitas, de acuerdo con la ley de la evolución gradual, es mencionado como "en su tiempo", lo que significa atados por los grilletes del tiempo. Y el Fin seguro para los israelitas, si ellos toman la evolución de sus cualidades en sus propias manos, es llamado "Yo lo apresuraré", es decir: es completamente independiente del tiempo.

1 Un consejero del rey persa (520 AEC), quien decretó la exterminación de todos los israelitas viviendo en 127 países bajo la autoridad del imperio persa.

דחיפה של יסורין ומכאובים, שנתקבצו בהמדרגה הנמוכה עד שאי אפשר עוד לסבול, אשר אז מוכרחים לעזוב אותה, ולעלות למדרגה חשובה ממנה.

ועל דרך שאמרו חז"ל (מסכת סנהדרין, צז' עב') "אלא הקב"ה מעמיד להן מלך שגזירותיו קשות כהמן, וישראל עושין תשובה ומחזירן למוטב". והנה הקץ המובטח לבא לישראל על פי חוק ההתפתחות הדרגתי הנזכר, מכונה "בעתה", כלומר, הקשור בעבותות הזמן. והקץ הבטוח לישראל, על ידי שיקחו את התפתחות מדותיהם תחת ידיהם עצמם, מכונה "אחישנה", כלומר, בלתי תלוי לגמרי בזמן.

Lo Bueno y lo No Bueno (la Maldad) Absolutos.

Pero antes de que comencemos a contemplar la corrección de eso que no es bueno en la especie humana, tenemos que establecer primero el valor de estos términos abstractos: "Bueno y No Bueno (Maldad)". Esto es: lo que es nuestra medida contra la cual evaluamos la cualidad y la acción cuando determinamos si es una cualidad o acción buena y benéfica, o si por el contrario, es lo opuesto: una cualidad o acción no buena.

Para entender esto, necesitamos conocer bien la relación [lit. el valor relativo] entre el individuo y la colectividad, esto es: entre un individuo y la comunidad en la que vive y por la cual es nutrido, material y espiritualmente. Y de la verdadera realidad, aprendemos que el individuo no podría existir si se aislara sin una comunidad lo bastante eficiente para servirle y ayudarlo a satisfacer sus necesidades.

הטוב והרע האבסולוטי

ובטרם שאנו נכנסים בהתבוננות של תיקון הרע שבמין האנושי, צריכים לקבוע מקודם את ערכם של אותם השמות המופשטות "טוב ורע", כלומר, כלפי מי מעריכים את המדה ואת המעשה, עד להגדיר, אם מדה ומעשה טוב הוא, או להיפך שהוא מדה ומעשה רע?

ולהבין זה, צריכים לידע הטב את הערך היחסי שבין הפרט והכלל, דהיינו בין היחיד אל הצבור שלו, שהיחיד חי מתוכו וניזון מתוכו הן בחומריות והן ברוחניות. ומן המציאות הממשית אנו למדים, שאין כלל זכות קיום להיחיד, אם היה מבודד לעצמו בלי ציבור מספיק, שישרתוהו ויעזרוהו בסיפוק צרכיו.

Los humanos fueron creados para vivir una vida sociable

De esto, entendemos que, para empezar, el ser humano fue creado para vivir una vida en sociedad, y todos y cada uno de los individuos en una sociedad es como un diente de un engrane que está conectado a otros dientes, todos los cuales son interdependientes y están condicionados por una máquina. El diente individual no tiene libertad de movimiento por sí mismo; más bien, es puesto en movimiento por el movimiento de todos los dientes en una dirección preestablecida, lo cual sirve para hacer que la máquina sea más capaz de cumplir su función general. Y si un diente funciona mal, este mal funcionamiento no es evaluado y examinado con respecto a ese diente por sí mismo, sino más bien de acuerdo a su función y el servicio que presta a toda la máquina.

De la misma manera, tenemos que evaluar el grado de Bondad de cada individuo en su comunidad, no de acuerdo a qué tan Bueno es ese individuo en sí mismo, sino cuánto servicio provee a la comunidad como un todo. E igualmente, no evaluamos el grado de Mal de cada individuo, excepto con respecto al daño que hace a la comunidad general, más que de acuerdo a su valor en él mismo.

Estas cosas son tan obvias como el Sol al mediodía, en términos de la verdad y la Bondad inherente a ellas. La colectividad tiene solamente lo que hay en los individuos, y el Bien de la sociedad significa el Bien de cada individuo en esa sociedad. Y un individuo que daña a la sociedad termina tomando su parte de ese daño. Igualmente, un individuo que beneficia a su sociedad termina teniendo su parte de esa Bondad. Esto es porque los individuos existen solamente como partes de la colectividad, y la colectividad no tiene valor adicional o importancia añadida más allá de ser la suma total de los individuos que la componen.

האדם נברא לחיות חיי חברה

ומבינים אנו מזה, שהאדם נברא מלכתחילה לחיות חיי חברה, וכל יחיד ויחיד שבהחברה, הוא כמו גלגל אחד המלוכד בגלגלים מספר, המותנים במכונה אחת. שהגלגל היחיד, אין לו חירות של תנועה בערך יחידותו לפי עצמו, אלא שנמשך עם תנועת כלל הגלגלים, בכוון ידוע, להכשיר את המכונה לתפקידה הכללי. ואם יארע איזה קלקול בגלגל, אין הקלקול נערך ונבחן כלפי יחידותו של הגלגל לפי עצמו, אלא שנערך לפי תפקידו ושירותו כלפי כללות המכונה.

והנה כמו כן יש לנו להעריך מדת טובו של כל יחיד ויחיד בתוך הצבור שלו, לא לפי טובת עצמו, אלא לפי שירותו את הצבור בכללו וכן להיפך, אין אנו מעריכים את מדת הרע של כל יחיד ויחיד, אלא לפי הערך שמזיק את הצבור הכללי, ולא לפי ערכו עצמו האינדיוידואלי.

והדברים הללו ברורים כשמש בצהרים, הן מצד האמת שבהם, והן מצד הטוב שבהם, כי אין בכלל אלא מה שבפרט, וטובת הצבור, פירושו, טובת כל יחיד ויחיד שבאותו הצבור, והיחיד המזיק להציבור, סופו, שנוטל גם חלקו בהזק הזה. וכן היחיד המטיב להצבור, נוטל חלקו בהטבה ההיא, להיות היחידים ההם רק חלקי הצבור, ואין בהצבור שום ערך כל שהוא והוספה משהו, יותר מסכום היחידים הללו שבו.

La colectividad y el individuo son uno y el mismo.

Por esta razón, necesitamos entender que ambos, la colectividad y los individuos son uno y el mismo, y que ningún daño es causado al individuo debido a su gran subordinación a la colectivividad. Eso es porque la libertad de la colectividad y la libertad del individuo son también una y la misma porque tal como comparten lo Bueno entre ellos, así, también, comparten la libertad entre ellos.

Así, las buenas cualidades y las malas cualidades son consideradas [lit. medidas] como tales solamente con referencia a lo Bueno de la totalidad. Naturalmente, estas cosas son verdad [solamente] si todos los individuos en la comunidad realizan sus deberes hacia la colectividad perfectamente y son compensados de acuerdo con lo que realmente merecen (en otras palabras: nadie toma una porción que pertenece a su compañero).

En verdad, si una pequeña porción de una comunidad no se conduce de esta manera, el resultado final es que no solamente dañan a la comunidad, sino que se dañan a sí mismos. Aunque no debía ser necesario discutir en detalle algo que es familiar y conocido, hemos discutido esto ampliamente parta atraer la atención al punto débil, esto es: el lugar que necesita ser corregido.

En otras palabras, deseamos mostrar que la única cosa faltante en este mundo es que cada individuo entienda que su propio Bien depende del servicio justo que él presta a la colectividad, así como de la justa repartición a cada miembro individual de la colectividad. Ciertamente, tenemos un mundo de abundancia, pero necesitamos saber cómo disfrutarlo.

הצבור והיחידים היינו הך

ולפיכך יש להבין, שהצבור והיחידים היינו הך, ואין שום ריעותא רעיעות, חולשה להיחיד מחמת השעבוד הגדול אל הצבור, שאפילו חירות הצבור וחירות היחיד, ג'כ גם כן דבר אחד הם, כי כמו שמחלקים ביניהם את הטוב, כן מחלקים ביניהם את החירות.

הרי שמדות טובות ומדות רעות ומעשים טובים ומעשים רעים, נערכים רק כלפי טובת הצבור, וכמובן, אשר הדברים, אמורים דוקא, אם כל היחידים שבהצבור ממלאים את תפקידם להצבור בשלימות, וכן נוטלים הספקתם כפי המגיע להם באמת, כלומר, שלא יטול חלק חבירו.

אמנם אם מקצת הצבור אינם מתנהגים כאמור, הרי הפועל יוצא מזה, שלא לבד, שמזיקים להצבור, אלא שניזוקים גם בעצמם. ואין להאריך יותר בדבר ידוע ומפורסם, אלא, שהמשכנו הדברים עד כה, כדי להביא לפני העינים את נקודת התורפה, כלומר, אותו המקום התובע את תיקונו.

דהיינו, להראות, שאינו חסר בעולם יותר אלא רק שכל יחיד יבין את טובתו, התלוי בשרות הצודקת של כל יחיד להצבור ובחלוקה הצודקת לכל יחיד מהצבור. וזה ודאי שיש לנו עולם מלא מכל טוב אלא שצריכים לדעת איך להנות ממנה.

Los medios para corregir al mundo: la Misericordia, la Verdad, la Justicia y la Paz

Ahora hemos verificado apropiadamente el nivel de Bondad en su [verdadera] imagen que está almacenado para nosotros, es decir: 1) que todos los individuos en la sociedad cumplen el papel perfectamente, cada uno de acuerdo con lo que le fue asignado, y 2) que cada individuo toma su parte del sustento disponible, en una proporción justa, de una manera que no tocará la parte de su compañero. De ahora en adelante, debemos ver y reflexionar sobre las maneras y medios verdaderos que están a nuestra disposición para apresurar [alcanzar] para nosotros esa bondad y felicidad.

Hay cuatro cualidades que son fundamentales para [alcanzar] esto, y ellas son: la Misericordia, la Verdad, la Justicia y la Paz; las cualidades que todos los reformadores del mundo han usado siempre hasta estos días. Más precisamente, estas son las cuatro cualidades con las cuales el desarrollo de la humanidad, significando el Gobierno del Cielo, ha pavimentado su camino gradual, hasta que trajo a la humanidad a su condición presente.

Y ya hemos hablado de esto anteriormente: que nos convendría y beneficiaría tomar la ley de la evolución en nuestras propias manos y asumir el gobierno nosotros mismos. De esta manera, nos libraremos de toda clase de sufrimiento, el cual la evolución [lit. la historia del desarrollo] nos tiene reservado de aquí en adelante. Por lo tanto, debemos buscar e inquirir en estas cuatro cualidades para saber bien lo que ellas nos han dado hasta este día, y al hacerlo así, informarnos acerca de qué asistencia adicional podemos esperar obtener de [estas cualidades] en el futuro.

אמצעי תיקון העולם: חסד אמת צדק ושלום

ואחר שודענו היטב את מדת הטוב המקווה לנו, כצלמו ודמותו דהיינו הא', שכל היחידים שבהצבור ימלאו את תפקידם בשלימות, כל אחד את המוטל עליו. והב', שכל יחיד יטול את חלקו בהספקה, בשיעור צודק, באופן, שלא יגע אחד בחלק חבירו. הנה מעתה יש לנו לראות ולהתבונן, בהדברים והאמצעים שישנם ברשותינו למעשה, בכדי למהר לעצמינו את הטוב והאושר ההוא.

וארבע מדות נמצאים לנו לדבר זה, שהם: חסד, אמת, צדק, ושלום, שבהם שמשו כל מתקני העולם עד היום הזה, או יותר נכון, אשר בד' מדות הללו עשתה עד כאן ההתפתחות האנושית, דהיינו ממשלת השמים, את דרכה המדרגתי, עד שהביאה את האנושיות אל המצב של היום.

וכבר דברנו מזה לעיל, אשר יאות לנו ומוטב בעדינו, לקחת את חוק ההתפחות תחת ידינו וממשלתינו בעצמינו, כי אז נפטור את עצמינו מכל חומר היסורין, שההסטוריא ההתפתחותית רושמת בעדינו מכאן ולהבא, ולפיכך נראה ונפשפש בד' מדות הללו, לדעת היטב מה שנתנו לנו עד היום הזה, כדי לידע מתוכם, מה שיש לנו לקוות עוד להסתייע מהם להבא.

La Verdad: de la teoría a la práctica

Ahora en teoría, no hay mejor cualidad que la Verdad. Esto es porque toda la Bondad de la que hemos hablado anteriormente, que ocurre cuando cada individuo realiza sus deberes para la colectividad y recibe su parte justa, esta no es otra que la Verdad. Pero el problema es que, de hecho, esta cualidad no es aceptada por la gente de la sociedad. Y esta dificultad real inherente a la Verdad demuestra que algo anda mal aquí y causará que no sea aceptada por la sociedad, y necesitamos investigar qué es esto.

Y si realmente investigamos la cualidad de la Verdad en términos de su potencial práctico, la encontraremos inevitablemente vaga y muy complicada, y más allá de nuestra habilidad para entender su significado [lit. para que el ojo humano pueda capturarla]. Después de todo, la Verdad exige que tratemos a todos los individuos en la sociedad como iguales, de modo que cada uno de ellos reciba una parte de acuerdo a su esfuerzo, ni más ni menos. Esta es la única base para la Verdad, y una de la que no debe dudarse, porque es obvio y cierto que cualquiera que desee beneficiarse del trabajo de otro está yendo contra la Verdad y la sabiduría.

Verdaderamente, ¿cómo podemos retratar y mirar en esta Verdad de una manera que sea aceptable para todos los miembros de la sociedad? Por ejemplo, si consideramos el asunto de acuerdo con el trabajo horario que un individuo realiza —esto es: si cada miembro individual de la sociedad debe trabajar un número igual de horas— esto aún no nos revelaría de plano la Verdad antes mencionada.

Además, hay una mentira obvia aquí debido a dos cosas. La primera es el asunto físico: debido a que cada uno no está dotado naturalmente con una capacidad igual para el trabajo, podríamos tener un miembro de la sociedad quien, debido a su debilidad, se cansa más en una hora de trabajo que su colega, quien trabaja dos horas o más.

האמת: הלכה למעשה

והנה להלכה, ודאי שאין לנו מדה יותר טובה מהאמת, שהרי כל הטוב שגדרנו לעיל במילוא תפקידו של כל יחיד להצבור, ובנטילת חלק צודק לכל יחיד, הרי, אין דבר זה אלא דבר "אמת". אלא כל החסרון הוא, אשר למעשה, אין מדה זו מתקבלת כלל על הצבור. והנה הקושי הזה למעשה, שישנו בהאמת האמור מוכח מתוכו, שיש כאן איזה פגם וגורם שלא יתקבל על הצבור, וצריכים להתבונן בו מהו?

וכשתפשפש היטב בהאמת האמור, בכשרונו המעשי, תמצאהו בהכרח שהוא מעורפל ומסובך מאד, ואי אפשר כלל לעין האנושי לעמוד עליו. שהרי, האמת מחייב אותנו, להשוות כל היחידים שבהצבור, שיקבלו את חלקם לפי מדת יגיעתם, לא פחות ולא יותר. וזהו הבסיס היחידי האמיתי, שאין להרהר אחריו, שהרי ודאי הוא, שכל הרוצה להנות מיגיעתו של חבירו, הוא כנגד הדעת והאמת הברור האמור.

אמנם, כיצד יצוייר לנו לברר את האמת הזה, באופן שיתקבל על לב כל בני הצבור? למשל, אם נדון בדבר לפי העבודה הגלויה השעותית, שהיחיד עובד, דהיינו, שכל אחד מהצבור יעבוד מספר שעות מסוימות בשוה, אין זה עוד מגלה לנו כלל את האמת האמור.

ואדרבה, יש כאן שקר גלוי, משום ב' דברים: הא' הוא, ענין פיזי, כי אין הכח להעבודה מבחינת הטבע, שוה אצל כל אחד, ויש לך אחד מהחברה, שהוא מתיגע מפני חולשתו בשעה אחת, הרבה יותר מחבירו בשתי שעות או יותר.

Hay también un asunto psicológico aquí, porque una persona muy lenta por naturaleza se cansa mucho más en una hora que su compañero en dos o más. Si consideramos todo esto desde la perspectiva de la cualidad de la Verdad clara, no debemos obligar a una parte de la sociedad a esforzarse más que cualquier otra parte cuando [los individuos] tratan de satisfacer sus necesidades vitales.

Porque, de hecho, hay miembros de la sociedad que son naturalmente enérgicos y fuertes que viven y se benefician del trabajo de otros y toman ventaja de ellos maliciosamente. Esto está en oposición directa a la Verdad porque dichas personas se esfuerzan muy poco en comparación a los débiles y lentos en la sociedad.

Y aún más: si tomamos en cuenta la ley natural de "seguir a la mayoría", entonces esta clase de Verdad, que está basada solamente en [lit. toma como base] horas manifestadas de trabajo, no es para nada duradera porque los débiles y los lentos siempre forman la gran mayoría de las personas en una sociedad, y ellos no permitirán a la minoría de los enérgicos y los fuertes tomar ventaja de su [de los débiles y lentos] esfuerzo y trabajo.

Y debido a que la base del esfuerzo, que es donde yace la Verdad clara y donde la mayoría de la gente se relaciona, no puede ser para nada probada y evaluada, se sigue que la cualidad de la Verdad es, de hecho, inapropiada para ser el criterio según el cual el comportamiento del individuo y el comportamiento de la sociedad deben ser arreglados absolutamente, de una manera que sería completamente satisfactoria. [La Verdad] no tiene el cumplimiento total para ser suficiente para regular la vida en absoluto, una vez que el mundo ha sido traído a la corrección.

וכן יש לפנינו ענין פסיכולוגי, כי העצל מאד מטבעו, מתיגע ג"כ גם כן בשעה אחת, יותר מחבירו בשתי שעות או יותר. לפי השקפת מדת האמת הברור אין לנו לחייב את חלק אחד להתייגע לספוק חייהם, יותר מלחלק השני שבחברה.

כי למעשה, נמצאים הגבורים והזריזים הטבעיים שבהחברה, שנהנים מיגיעתם של אחרים, ומנצלים אותם בזדון לבם, בהיפך מהאמת, כי הם מתייגעים מעט מאד לעומת החלשים והעצלים שבהחברה.

ואם נקח עוד בחשבון, את החוק הטבעי של אחרי רבים להטות, הרי מין אמת כזה, דהיינו לקבל לבסיס, רק את העבודה השעותית הגלויה, אינה כלל בן קיימא, כי החלשים והעצלים המה תמיד, הרוב הניכר שבין החברה, ולא ירשו להמיעוט הזריזים והגבורים שהמה ינצלו את כחם ויגיעתם.

ולפי שהבסיס של היגיעה, שעמו האמת הברור ועמו הרוב שבהחברה אינו ניתן לבדיקה ולהערכה כל עיקר נמצא מזה שמדת האמת אין לו שום כשרון למעשה לסדר על פיו את דרכי היחיד ודרכי הצבור באופן מוחלט, דהיינו שיניח את הדעת בהחלט, ואין בו כלל אותה הספקה הגמורה, המתאימה לסדרי החיים שבגמר התיקון של העולם.

Ley de individualidad única

Además, hay un problema aún más grande aquí que el mencionado anteriormente. No hay Verdad más clara que el camino de la naturaleza misma, y es solo natural que cada individuo se sienta el único gobernante en el mundo del Creador y que todo lo demás no fue creado para algún otro propósito que mejorar su vida y hacerla más fácil, al punto que él ni siquiera siente alguna obligación de compensar al otro.

Dicho simplemente, es la naturaleza de cada ser humano tomar ventaja de todos los seres vivientes para su propio beneficio, y lo que una [persona] da a otra es por necesidad. Inherente a esta necesidad de dar a otro es, de hecho, finalmente otra forma de tomar ventaja del otro, aunque de una manera muy ingeniosa y de un modo que la otra persona no lo sienta y entregue [la cosa] por su propia voluntad.

La razón para esto es que la naturaleza de cada rama es estar cerca de sus raíces[2], y debido a que el alma humana es una extensión del Creador —Quien es Uno, Solo y Único, y a Quien todo pertenece— por lo tanto el humano, quien es una extensión de Él, siente que todas las criaturas del mundo deben ser gobernadas por él para su propio beneficio.

Esta es una ley inmutable, pero la diferencia [entre los individuos] es evidente solamente en el tipo de selección que la gente hace: una [persona] escoge sacar ventaja de los demás por medio de cumplir sus simples deseos bajos; otro trata de hacerlo por medio de alcanzar una posición de poder; y un tercera trata de hacerlo por medio de asegurar un honor. Para estar seguros, cada uno de estos [individuos] puede haber decidido explotar al mundo en *todos* estos aspectos —esto es: riqueza, poder y honor— de haber sido posible

2 Ambos tienen las mismas cualidades

חוק היחודיות

ולא עוד, אלא שיש כאן, עוד צרה יותר גדולה מהאמור. כי אין לך אמת ברור ביותר, מדרך הטבע בעצמו, והנה טבעי הוא, שכל אדם ואדם מרגיש את עצמו בעולמו של הקב"ה הקדוש ברוך הוא כמו שליט יחיד, אשר כל זולתו לא נברא אלא להקיל ולשפר את חייו, עד מבלי להרגיש התחייבות כל שהוא מצדו, ליתן לו התמורה.

ובמלות פשוטות נאמר, שטבע כל אדם ואדם, לנצל את חיי כל הבריות שבעולם לטובת עצמו, וכל שנותן לזולתו אינו נותן אלא מחמת הכרח, אשר גם בהכרח הזה שנותן לו יש בו משום ניצול לזולתו, אלא בערמה רבה, באופן, שחבירו לא ירגיש זה, ויותר לו מדעתו.

וטעם הדבר הוא, מצד, שכל ענף טבעו קרוב לשורשו, ומתוך שנפשו של האדם נמשך מהש"ית מהשם יתברך, שהוא אחד יחיד והכל שלו, הנה כמו כן האדם הנמשך ממנו, מרגיש, שכל בריות העולם צריכים להמצא תחת ממשלתו, ולתועלתו הפרטי.

וזהו חוק ולא יעבור, אלא שההפרש בולט לעין רק במדת בחירתם של האנשים, שהאחד בחר לנצל את הבריות על ידי השגת תאוות נמוכות, והשני על ידי השגת ממשלה, והשלישי על ידי השגת כבוד, וכן אפילו כל אחד מהם, אם היה עלה לו הדבר בלו טורח מרובה, היה מסכים, גם לנצל

para él alcanzarlos [estos objetivos] sin mucho esfuerzo, pero uno debe escoger de acuerdo con su habilidad.

Esta ley puede ser llamada la Ley de Individualidad Única dentro de los corazones humanos. Y nadie es capaz de escapar de esta ley: los más grandes están sujetos a esta en un grado mayor, y los pequeños en un grado menor.

Y esta Ley de Individualidad Única, que es inherente a la naturaleza de todos, no debe ser condenada ni alabada porque es un fenómeno natural. Como tal, tiene tanto derecho a existir como todo otro aspecto de la realidad, y no hay posibilidad de que sea eliminada del mundo o que sea opacada en su expresión, así como que no hay posibilidad de que la totalidad de la especie humana sea eliminada de la faz de la Tierra. Por lo tanto, no estaríamos mintiendo si dijéramos que esta ley es la "verdad absoluta".

A causa de que es indudablemente así, ¿cómo podemos siquiera tratar de apaciguar la mente de un individuo prometiéndole hacerlo igual a todos los miembros de la comunidad? Después de todo, no hay nada más contrario a la naturaleza humana que [la igualdad], dado que el único propósito del individuo es alcanzar una posición más elevada que cualquier otro miembro de la comunidad.

Así, hemos demostrado claramente que basarnos en la cualidad de la verdad no es realista de plano para establecer buenos y aceptados procedimientos para la vida del individuo o la vida de la comunidad que fueran satisfactorios para —y aceptado completamente por— todos y cada individuo; aunque esto es lo que debe ser hecho para traer el proceso de corrección a su culminación.

העולם בכל אלו יחד, גם בעושר וגם בממשלה וגם בכבוד, אלא שמוכרח לבחור לפי אפשרותו.

וחוק הזה אפשר לכנותו, "חוק היחודיות" שבלב האדם, שאין כל אדם נמלט ממנו אלא הגדול לפי גדלו והקטן לפי קטנו.

והנה חוק היחודיות האמור שבטבע כל אדם, לא יגונה ולא ישובח, כי הוא מציאות טבעי, ויש לו זכות קיום כמו כל פרטי המציאות, ואין שום תקוה לבערו מהעולם או אפילו לטשטש צורתו במקצת, כמו שאין תקוה לבער את כל מין האדם מהארץ. ולפיכך לא נשקר כלל, אם נאמר על החוק הזה שהוא "האמת המוחלט".

ומאחר שכן הוא בלי ספק, איך נוכל כלל לנסות אפילו להניח הדעת של היחיד, בזה שנבטיח לו להשוותו במדה השוה, יחד עם כל בני הצבור, שאין לך דבר רחוק מהטבע אנושי יותר מזה, בשעה שכל מגמת היחיד הוא, להגביה על למעלה מכל בני הצבור כולו.

והנה הראינו היטב, שאין מציאות כלל להביא סדרים מאושרים וטובים לחיי היחיד ולחיי הצבור, על פי מדת האמת, באופן שיניחו את הדעת של כל יחיד ויחיד, שיתן עליהם את הסכמתו המוחלטת, כמו שצריך להיות לגמר התיקון.

Gente de destrucción y gente de construcción

Y ahora discutiremos las otras tres cualidades, las cuales son La Misericordia, la Justicia y la Paz. Estas [cualidades] fueron aparentemente creadas inicialmente para ser un sistema de apoyo para fortalecer la Verdad, que se ha vuelto muy débil en nuestro mundo. Y usted debe saber que esta es la fase en la cual la historia evolutiva empezó su lenta y gradual ascención en los niveles del orden social de la vida de la sociedad.

En teoría, todos los miembros de la sociedad decidieron inequívocamente no desviarse de su Verdad [mutuamente] acordada. Sin embargo, lo que realmente ocurrió fue que todos ellos actuaron exactamente de manera contraria a la Verdad y a su acuerdo. Desde entonces, la Verdad ha caído en las manos de los más grandes mentirosos y nunca es encontrada entre los débiles y los justos, quienes, por lo tanto, no pueden ser asistidos por esta en el grado que sea.

Y a causa de que la calidad de la Verdad no pudo ser establecida como una forma de vida, el número de miembros de la sociedad que eran débiles o de quienes se abusaba se volvió más grande. Esta es la razón por la que aparecieron las cualidades de la Misericordia y la Justicia, para que pudieran actuar y apoyar el orden social. Para que la sociedad como un todo existiera, sus miembros más exitosos tenían que apoyar a aquellos que se tambaleaban [o caían] atrás, para no dañar a la sociedad como un todo. Por lo tanto, ellos [los exitosos] los tratarían [a los débiles] con benevolencia, es decir: con Misericordia y Justicia.

Por supuesto, la naturaleza de estas condiciones incrementaría el número de aquellos que se tambalean y están siendo explotados, tanto, que hay suficientes de ellos para protestar contra los exitosos y para iniciar disputas y riñas; y este es el origen de la cualidad de

בעלי החורבן ובעלי הבנין

ועתה ניקח את - ג' מדות הנשארים, שהם: חסד, צדק, ושלום. שלכאורה לא נבראו מתחילתם, אלא ליקח מהם סמוכין, להסמיך בהם את האמת החלש מאוד בעולמנו. ותדע, שמכאן התחילה ההסטוריא ההתפתחותית לטפס על דרגותיה האטיות והנחשלות, בהסידורים של חיי הצבור.

כי להלכה הסכימו כל בני החברה וקבלו עליהם בכל תוקף, לבלי לנטות מהאמת אף משהו. אמנם למעשה, כולם נהגו את עצמם בהיפך לגמרי והאמת המוסכם. ומאז, נפל גורלו של כל האמת בחלקם של השקרנים ביותר, ואינו מצוי לעולם אל החלשים והצדיקים, שיוכלו אפילו להסתייע מהאמת, לא מניה ולא מקצתיה.

והנה מתוך שלא יכלו להנהיג את מדת האמת בחיי הצבור, הנה נתרבו הנחלשים והנעשקים בתוך החברה, ומכאן יצאו ונצמחו מדת החסד והצדק, לפעול את פעולתם בסדרי החברה, כי כללות קיום החברה, היה מחייב את המוצלחים שבהם, לתמוך את הנחשלים, בכדי שלא להזיק את כללות החברה, ועל כן היו נוהגים עמהם לפנים משורת הדין, דהיינו, בחסד ובצדקה.

אמנם מטבע התנאים שכאלו, להרבות את הנחשלים והנעשקים, עד שמספיקים למחות בהמוצלחים ולעשות מריבות וקטטות, ומכאן יצא ונתגלה מדת השלום בעולם. הרי שכל אלו המדות חסד וצדקה ושלום, יצאו ונולדו מחולשת האמת.

la Paz en el mundo. Así que todas estas cualidades —Misericordia, Justicia y Paz— emergieron y nacieron de la debilidad de la Verdad. Y esta es la razón por la que la sociedad fue dividida en numerosas facciones. Algunas de ellas adoptaron la Misericordia y la Justicia, es decir: ceder sus posesiones por el bien de los demás. Otros se apegaron a la cualidad de la Verdad, esto es: Lo Mío es Mío y lo Tuyo es Tuyo.

De manera más simple, uno podría dividirlos en Gente de Construcción y Gente de Destrucción. La Gente de Construcción está interesada en apoyar y sostener a la comunidad como un todo. Como resultado, fueron a veces forzados a entregar sus posesiones por el bien de los demás.

Pero aquellos que, por naturaleza, estaban más inclinados a la destrucción y la ilegalidad fueron capaces de apegarse a la cualidad de la Verdad para su propio beneficio, creyendo que lo Mío es Mío y lo Tuyo es Tuyo, y no deseando entregar siquiera una pequeña parte de su porción por el bien de los demás. Dado que ellos eran, por naturaleza, Gente de Destrucción, no tomaron en cuenta que estaban poniendo en peligro la existencia de la comunidad.

והיא שגרמה להתפלגות החברה לכתות כתות: כי מהם תפסו להם את החסד והצדקה דהיינו, לותר מרכושו לאחרים. ומהם שתפסו להם את מדת האמת, דהיינו, שלי שלי ושלך שלך.

ובדברים יותר פשוטים, אפשר לחלקם, לבעלי בנין ולבעלי חורבן: כי בעלי הבנין, שהוא חפצים בבנינם ובטובתם של כללות הצבור, היו מוכרחים משום זה, לותר פעמים תכופים מרכושם לאחרים.

אבל אלו שהיו נוטים מטבעם לחורבן ולהפקרות, היו יכולים להתאחז במדת האמת לתועלתם הפרטי, דהיינו, שלי שלי ושלך שלך ולא היו רוצים לעולם, לותר אף משהו מחלקם לאחירים, מבלי לקחת בחשבון, שהמה מסכנים בזה את קיום הצבור, להיותם מטבעם בעלי חורבן.

Pacificadores

Solamente después de que estas condiciones crearon los mayores conflictos en la sociedad, poniendo en peligro la existencia de la sociedad como un todo, emergieron los pacificadores, quienes, por medio de tomar la firmeza y la fuerza en sus propias manos, revivieron la vida de la sociedad. Lo hicieron así adoptando lo que creían eran condiciones nuevas y verdaderas, las cuales estaban dirigidas a asegurar la existencia de la sociedad en paz.

Sin embargo, la mayor parte de estos pacificadores, quienes emergen y se muestran después de cada conflicto, son naturalmente de la Gente de Destrucción, esto es: de aquellos que buscan la Verdad de lo Mío es Mío y lo Tuyo es Tuyo. La razón para esto es que ellos son los [individuos] poderosos y valerosos en la sociedad y son mencionados como héroes dado que están siempre listos para sacrificar sus propias vidas así como las vidas de la sociedad en general, si la sociedad no está de acuerdo con su opinión.

No así con la Gente de Construcción en la sociedad, quienes son gente de la Misericordia y la Justicia y quienes valoran como preciosas a ambas: sus propias vidas y las vidas de los otros miembros de la sociedad; así, ellos no están dispuestos a ponerse en peligro ellos mismos o a la sociedad [como un todo] solamente para forzar a la gente a estar de acuerdo con su opinión.

Por esta razón ellos son siempre el aspecto débil de la sociedad y son calificados como cobardes de corazón desfalleciente. Es en sí evidente que los bravos sin ley siempre serán más victoriosos, y así, es natural que todos los pacificadores vengan de la Gente de Destrucción y no de la Gente de Construcción.

עושי השלום

ואחר שהתנאים האלו הביאו את החברה לקטטות גדולות ביותר, וכללות החברה באו לידי מצב של סכנה, הזה אז, צמחו ונתגלו עושי השלום בהחברה, שנטלו את התקיפות והכח שבידיהם, וחידשו את חיי החברה, על פי תנאים חדשים אמיתיים לפי דעתם, שיספיקו את קיום החברה בשלום.

אמנם עושי השלום האלו, הצומחים ובאים אחרי כל מחלוקת, הנה מצד טבע הדברים, באים ברובם, רק מבעלי החורבן, דהיינו ממבקשי האמת, מבחינת שלי שלי ושלך שלך, והוא, לטעם היותם בעלי הכח והאומץ שבהחברה, המכונים גבורים אמיצי הלב, מטעם שהמה המוכנים תמיד להפקיר את חיי עצמם ואת חיי כללות הצבור כולו, אם לא יסכימו הצבור לדעתם.

מה שאין כן בעלי הבנין שבהחברה, דהיינו בעלי החסד וצדקה, שיקר להם חיי עצמם וגם יקר להם חיי הצבור, אינם מוכנים להפקיר את עצמם והצבור ולהעמידם בסכנה, עד להכריח את הצבור להסכים לדעתם.

ולפיכך המה תמיד הצד החלש שבהחברה, המכונים מוגי הלב ופחדנים. ומובן מעצמו, שתמיד יד המופקרים אמיצי הלב על העליונה, שעל כן טבעי הוא הדבר, שכל עושי השלום מבעלי החורבן באים, ולא מבעלי הבנין.

La Verdad y la destrucción son una y la misma; la Misericordia y la construcción son una y la misma

Vemos de todo esto que cualquier esperanza por la Paz —que la gente de nuestra generación está buscando desesperadamente— es inútil, tanto desde el punto de vista del sujeto como del punto de vista del objeto. Los sujetos, quienes son los pacificadores de nuestra generación y de cada otra generación y quienes tienen el poder en sus manos para hacer la Paz en el mundo, están eternamente hechos de ese elemento humano conocido como Gente de Destrucción. Esto es porque ellos buscan la Verdad, es decir: ellos desean que el mundo sea regido por el principio de lo Mío es Mío y lo Tuyo es Tuyo. Así, es natural que estas sean las personas que promueven agresivamente sus puntos de vista, al punto de poner en peligro ambas, sus vidas y las vidas de toda la sociedad.

Y esto es lo que siempre les da el poder para vencer a la otra clase de elemento humano —la Gente de Construcción— quienes buscan Misericordia y Justicia y están deseosos de deshacerse de sus [posesiones] por el bien de los demás para salvar la construcción del mundo; y ellos son los cobardes, que son de corazón débil. En otras palabras, buscar la Verdad es lo mismo que destruir el mundo, y buscar la Misericordia es lo mismo que construir el mundo. Por lo tanto, uno no puede esperar que la Gente de Destrucción sean aquellos que establezcan la Paz.

Y de igual manera, la Paz que todos anhelamos es también inútil desde el punto de vista del objeto, es decir: desde el punto de vista de las condiciones mismas de la Paz. Hasta este preciso día no es posible crear las condiciones que son consideradas apropiadas, según el criterio de la Verdad, para ambas, tanto para la vida del individuo y la vida de la sociedad, como es deseado por esos pacificadores. Es inevitable que siempre haya habido, y siempre habrá, una importante minoría en la sociedad que estará descontenta con estas condiciones, tal como dijimos antes cuando demostramos la

אמת וחורבן - היינו הך, חסד ובנין - היינו הך

ומהאמור אנו רואים, איך שתקות השלום, שכל בני דורינו מחכים אליו בכליון עינים, הוא מחוסר ערך, הן מצד הנושא והן מצד הנשוא. כי הנושאים, דהיינו עושי השלום שבדורינו ובכל דור ודור, כלומר, אותם שהכח בידיהם לעשות שלום בעולם, הרי המה לעולם מאותו החומר אנושי, שאנו מכנים אותם בעלי החורבן. להיותם ממבקשי האמת, דהיינו להעמיד את העולם, על מדת שלי שלי ושלך שלך, שטבעי הוא, שאותם האנשים עומדים על דעתם בתוקף, עד להעמיד בסכנה את חייהם וחיי הצבור כולו.

והיא הנותנת להם תמיד את הכח, להתגבר על אותו חומר האנושי, בעלי הבנין, שהם ממבקשי החסד והצדקה, המוכנים לותר משלהם לטובת האחרים, כדי להציל את בנין העולם, שהמה הפחדנים מוגי הלב. באופן: שביקוש האמת וחורבן העולם, היינו הך. וביקוש החסד ובנין העולם, היינו הך. ולכן אין לקוות כלל מבעלי החורבן, שיבנה השלום על ידם.

וכן השלום המקווה, הוא מחוסר ערך לגמרי גם מצד הנשוא, כלומר, מצד התנאים של השלום עצמם, כי עדיין לא נבראו אותם התנאים המאושרים לחיי היחיד ולחיי הצבור, ע"פ על פי אמת המדה של מדת האמת, שעושי השלום הללו חפצים בה. והכרח הוא, שנמצאים וימצאו תמיד מיעוט חשוב בהחברה, בלתי מרוצים מהתנאים האלו, כמו שהוכחנו לעיל את חולשת

debilidad de la Verdad, y estas (personas) siempre serán material listo para los belicistas y para los nuevos pacificadores, quienes continuarán de esta manera *ad infinitum*.

האמת, אשר המה היו תמיד חומר מוכן, לבעלי הקטטה החדשים ולעושי השלום החדשים, שיתגלגלו כן לאין קץ.

El mundo entero es una comunidad y una sociedad

No debe sorprenderle que yo asocie [lit. estoy juntando] la paz y el bienestar de una sola comunidad con la paz y el bienestar del mundo entero porque, en realidad, hemos llegado un nivel tal que el mundo entero es considerado como solamente una comunidad y una sociedad. Es decir, dado que cada individuo deriva su vitalidad y [la satisfacción de su] necesidad de la gente de todo el mundo, está por lo tanto obligado a servir al mundo entero y a preocuparse por este.

Hemos demostrado anteriormente la subordinación de un individuo a su comunidad como un engranaje pequeño que está subordinado a una máquina. Esto es porque el individuo obtiene toda su vida y toda su felicidad de la comunidad, y por lo tanto, el bien de la comunidad y su propio bien individual son uno y el mismo, y viceversa. Por lo tanto, en la misma medida que una persona está subordinada a sí misma, debe volverse subordinada a la comunidad, como hemos explicado ampliamente antes.

Además, debemos entender que el nivel de la comunidad puede ser evaluado de acuerdo con el grado en que el individuo es provisto por esa comunidad. Porque, por ejemplo, en períodos históricos antiguos la extensión de la subordinación era solamente a la familia de uno; es decir: el individuo no necesitaba ayuda de nadie excepto de lo miembros de su propia familia, en cuyo caso él no necesitaba estar subordinado a alguien excepto a los miembros de su propia familia.

En períodos posteriores, las familias se unían para formar aldeas y condados, y el individuo se volvió subordinado a su aldea. Y [aún] más tarde, cuando las aldeas y los condados se volvieron países, el individuo fue ayudado en su bienestar y felicidad por todos los miembros del país, y así, se volvió subordinado al país todo.

כל העולם צבור אחד וחברה אחת

ולא יהיה זאת לתמיהא, מה שאני מערבב יחד את שלומו של צבור אחד, עם שלום העולם כולו, כי באמת כבר באנו לידי מדרגה כזו, שכל העולם נחשבים רק לצבור אחד ולחברה אחת. כלומר, שכל יחיד שבעולם, מתוך שיונק את לשד חייו והספקתו מכל בני העולם כולו, נעשה בזה משועבד, לשרת ולדאוג לטובת העולם כולו.

כי הוכחנו לעיל את השעבוד המוחלט של היחיד להצבור שלו, כדוגמת גלגל קטן בהמכונה, שהוא מטעם שנוטל כל חייו וכל אושרו מהצבור ההוא, וע"כ ועל כן, טובת הצבור וטובתו הפרטי היינו הך, וכן להיפך. ולפיכך, באותו השיעור שהאדם משועבד לעצמו, הנה בהכרח שנעשה משועבד להצבור, כמו שהארכנו בדברים לעיל.

ויש להבין עם זה, אשר שיעור הצבור ההוא שאמרנו, נבחן לפי מרחק יניקת היחיד מהם, כי למשל בתקופות ההסטורית הקדמוניות, היה מרחק הזה משוער רק במשפחה אחת, כלומר, שהיחיד לא נצרך לסיוע של מי שהוא רק מבני משפחתו לבדו, אשר אז ודאי, לא היה מוכרח להשתעבד [אלא] רק לבני המשפחה של עצמו.

ובתקופות מאוחרות נצטרפו המשפחות לעירות ולגלילות, ונעשה היחיד משועבד לעירו, ואחר כך כשנצטרפו העיירות והגלילות למדינות, והיה היחיד מסתייע באושר חייו מכל בני המדינה, הנה נעשה עם זה משועבד לכל המדינה.

Es por esto que en nuestra generación, cuando la felicidad de cada individuo es afectada [lit. siendo ayudada] por todos los países del mundo, debe estimarse que este será el grado en que el individuo está subordinado al mundo entero, como el engranaje en una máquina. Y por lo tanto, la posibilidad de crear buenos y felices procedimientos [orden, gobierno y justicia] en un país, mientras que se descuida hacerlo así en todos los países del mundo, es inconcebible. Y viceversa, porque en nuestro día y era, nuestros países ya están atados [y dependen] uno del otro con respecto a satisfacer las necesidades vitales [de sus ciudadanos]; esto es similar a los tiempos antiguos, cuando los individuos en las familias dependían unos de otros.

Por lo tanto, en la actualidad no debemos tratar de y hablar acerca de procedimientos para asegurar la paz de [solamente] un país o una nación, sino que debemos preocuparnos solamente por la paz del mundo entero porque el bienestar o la calamidad de cada individuo en el mundo depende del grado de bienestar de los individuos en todo el mundo, y es medida de acuerdo a este.

Y aunque estas cosas han sido conocidas y experimentadas de forma concreta en algún grado, todavía el mundo no ha asimilado apropiada y completamente el concepto, y esto es debido a la vía natural en la que un proceso se desarrolla, con la acción precediendo al entendimiento. Es por esto que las acciones solas enseñarán a la humanidad y la empujarán hacia adelante.

ועל כן בדורינו זה, כשכל יחיד מסתייע באושר החיים שלו, מכל מדינות העולם, הנה הכרח הוא, שהיחיד נעשה בשיעור הזה משועבד לכל העולם כולו, כמו הגלגל בתוך המכונה. ולפיכך, אין להעלות על הדעת את האפשרות, לעשות סדרים טובים ומאושרים בדרכי שלום במדינה אחת, בשעה שלא יהיה כן בכל מדינות העולם, וכן להיפך, כי בתקופתינו אנחנו כבר מקושרים המדינות זו בזו בהספקת משאלות החיים, כמו היחידים במשפחתם בתקופות הקדמוניות.

ולפיכך אין לדבר ולעסוק עוד היום, מסדרים צודקים ומובטחים לשלום של מדינה אחת או אומה אחת, אלא רק משלום העולם כולו, כי טובתו ורעתו של כל יחיד ויחיד שבעולם, תלוי ומדוד במדת טובת היחידים שבכל העולם כולו.

ואף על פי, שדבר הזה כבר ידוע ומורגש למדי למעשה, עם כל זה עדיין העולם לא תפסו את זאת להלכה כראוי, והוא, להיות כן בטבע המהלכים של התפתחות, אשר המעשה מקדמת את עצמה להבנת הענינים, ורק המעשים יוכיחו וידחפו את האנושיות קדמה.

Las cualidades de la Misericordia, la Verdad, la Justicia, y la Paz, luchan una con la otra

Encima de todas las dificultades prácticas antes mencionadas que nos obstaculizan —a los indefensos— el camino, tenemos también que tratar con una gran confusión y un conflicto interno con respecto a las tendencias psicológicas dentro de nosotros, significando que esas mismas cualidades que hemos mencionado residen en cada uno de nosotros, específicamente y en conflicto entre una persona y la otra.

Específicamente, esto es debido a que las cuatro cualidades que hemos mencionado —la Misericordia y la Verdad y la Justicia y la Paz, que están divididas entre las naturalezas de los seres humanos, sea a través de la evolución o a través de la educación— se contradicen unas a las otras.

Examinemos, por ejemplo, la cualidad de la Misericordia como un abstracto. Encontramos que el poder de su dominio la pone en oposición a las otras cualidades. Esto es: cuando la Misericordia gobierna, no queda ningún lugar para la aparición del resto de las cualidades en nuestro mundo porque la cualidad de la Misericordia es entendida y definida como una persona diciendo: "Lo Mío es Tuyo y lo Tuyo es Tuyo", como nuestros sabios dijeron en la *Mishná* (*Avot 5*).

Y si todo el mundo se condujese de acuerdo a esta cualidad [de Misericordia], entonces toda la alta consideración y el gran respeto con los cuales el mundo sostiene las cualidades de la Verdad y el Juicio serían canceladas y despedidas, porque cuando cada uno de nosotros está deseoso, por su propia decisión, de dar todo lo que tiene a los demás y no toma nada de lo que pertenece al otro, entonces cualquier interés y razón para mentir a nuestros semejantes es cancelada y despedida. Ni hay más necesidad de hablar acerca de la Verdad porque la Verdad y la Falsedad se relacionan una con la otra, y si no hubiese Falsedad en este mundo, no tendríamos el concepto de Verdad en el mundo tampoco.

מידות החסד, האמת, הצדק והשלום נלחמות זו בזו

והמעט לנו את הקושיים המעשיים הממשיים האמורים, המפריעים על דרכינו חדלי האונים, הנה נוסף לנו עוד ערבוביא ומלחמה גדולה, מבחינת הנטיות הפסיכולוגיות שבנו, כלומר מסבת המדות בעצמם השוררים בכל אחד מאתנו, באופן מיוחד, ובסתירה מאיש לרעהו.

והוא, להיות כי ארבע מדות הנזכרים חסד ואמת וצדק ושלום, שנתחלקו בטבעי בני אדם, אם מתוך ההתפתחות, ואם מתוך החינוך, הנה המדות הללו בעצמם סותרות המה זו לזו.

וכשנקח למשל את מדת החסד בצורה מופשטה, אנו מוצאים את כח ממשלתה, שסותרת את כל המדות האחרות, כלומר, שעל פי חוקי ממשלת החסד, אין שום מקום עוד, להופעת יתר המדות בעולמנו: כי מדת החסד מתפרשת ומוגדרת, בהאומר "שלי שלך ושלך שלך" כדברי חז"ל במשנה (אבות, פרק ה').

ואם היו בני העולם כולו מתנהגים במדתה זו, הרי בטלה והלכה לה כל התפארת והיקר שבמדת האמת, והדין, כי בשעה, שכל אחד מאתנו מוכן מטבעו ליתן את כל אשר לו לזולתו, ולא לקחת כלום מאשר לזולתו, הנה כבר בטל והלך לו כל ענין וכל גורם לשקר בעמיתו, ואין מקום לדבר אז ממדת האמת כל עיקר: כי האמת והשקר המה יחסיים זה לזה, ואם לא היה השקר בעולם, הנה אז לא היה לנו שום מושג של אמת בעולם.

Es innecesario decir [con respecto a] que las otras cualidades [esto es: la Misericordia, la Justicia y la Paz] solamente emergieron como resultado de la debilidad de la Verdad, para que pudieran reforzarla, como explicamos antes. Y con respecto a la Verdad, la cual es definida por el dicho: "Lo Mío es Mío y lo Tuyo es Tuyo", esta [la Verdad] está en oposición a la cualidad de la Misericordia y no puede soportarla [a la Misericordia] de plano. Esto es porque desde el punto de ventaja de la Verdad, es completamente injusto que uno deba trabajar y esforzarse por el bien del otro. No solamente por eso uno hace que su compañero falle, acostumbrándolo a sacar ventaja de los demás, sino que la Verdad también enseña que cada persona debe almacenar algunas posesiones para un día lluvioso de modo que no tenga que ser una carga y vivir del esfuerzo de los demás.

Y encima de eso, cada uno tiene parientes que son los herederos de sus posesiones. Según la Verdad, estos parientes tienen mayor prioridad que otros, porque eso es lo que la naturaleza obliga. Por lo tanto, quien entrega todas sus posesiones a los demás está, de hecho, engañando a sus parientes y herederos al no dejarles nada para heredar.

En un estilo similar, la Paz está en oposición a la Justicia porque para crear la Paz en la sociedad las condiciones presentes deben permanecer como están para garantizar que el enérgico e inteligente se vuelva rico, mientras que el negligente e ingenuo permanezca pobre. Esto significa que un individuo más dinámico termina tomando su propia porción así como la porción de sus semejantes negligentes. Y él vive una vida de gran lujo, tanto, que nada queda para los negligentes y los ingenuos, hasta el punto de no ser capaces de cubrir sus necesidades más básicas. Por lo tanto, permanecen desnudos sin posesión alguna pero con muchos cobradores de deudas.

Es obviamente injusto distribuir tan extremo castigo al negligente e ingenuo, porque ¿es realmente un pecado y un crimen de su parte

ואין צורך לומר שאר המדות, שהמה נצמחו ובאו רק מחולשת האמת כדי לחזק אותו, כנ"ל והאמת, המוגדר בהאומר "שלי שלי ושלך שלך" סותר למדת החסד, ואינו סובל אותו לגמרי, כי אין זה הגון כלל מבחינת האמת, לעמול ולהתיגע בשביל זולתו, כי מלבד שמכשיל את חברו ומרגילו עם זה לנצל את זולתו, הנה האמת נותן, שכל אדם מחויב לאצור לו רכוש לשעת הדחק, שלא יצטרך ליפול למעמסה על יגיעת זולתו.

ומלבד כל אלה, אין לך אדם שאין לו קרובים ויורש רכושו, שעל פי האמת הם מוקדמים לאחרים, כי כן הטבע מחייב, שהנותן כל רכושו לאחרים נמצא משקר בקרוביו ויורשיו, שאינו משאיר להם כלום שירשו אותו.

וכן השלום סותר לצדק, כי כדי לעשות שלום בהצבור, מוכרחים להיות התנאים כמות שהם קיימים, המבטיחים לפי תוכנם להזריזים והפקחים להיות עשירים, ואת המתרשלים והתמימים להיות עניים, באופן שכל בעל מרץ ביותר, נוטל חלקו וחלק חבריו המתרשלים. והוא חי בחיים טובים ביותר, עד שלא נשאר עוד להמתרשלים והתמימים, אפילו כדי חיותם ההכרחית, ונשארים ע"כ על כן בעירום ובחוסר כל ובנושים מרובים.

וזה ודאי בלתי צודק, להעניש את המתרשלים והתמימים במדה מרובה כל כך, על אשר לא חמס בכפיהם, ומה חטאם ומה פשעם של האומללים

que la Providencia no ha concedido a esos desdichados [individuos] energía y destreza? ¿Debemos castigarlos por esto con tan extremo sufrimiento, el cual es aún más difícil que la muerte? Esto significa que no hay Justicia alguna en las condiciones puestas por la Paz. Así, la Paz está en oposición a la Justicia. De igual manera, la Justicia está en oposición a la Paz, porque si arreglamos la distribución de la riqueza de acuerdo con la Justicia, es decir: dar a aquellos que son negligentes e ingenuos una porción importante que es relativa a los enérgicos e inteligentes, seguramente esa gente de poder e iniciativa no descansará o tendrá paz hasta que derriben a tal administración que esclaviza a los miembros importantes y enérgicos y toma ventaja sobre ellos en beneficio de esos debiluchos. Y por lo tanto, no hay esperanza para la Paz pública. Así, la Justicia está en oposición a la Paz.

De ese modo usted ve cómo estas cualidades dentro de nosotros traban sus cuernos y chocan una con la otra, no solamente entre una facción de la sociedad y la otra, sino dentro de cada individuo también. Porque estas cuatro cualidades se apoderan de él o ella, ya sea todas de inmediato o una después de la otra, y hacen la guerra dentro de él hasta el punto en que uno no puede separarlas con la ayuda del sentido común y arreglarlas y traerlas a un acuerdo absoluto. Por el contrario: cada una obstruye a la otra.

האלו, אם ההשגחה לא העניקה להם את הזריזות והפקחות, שמסבה זו נעניש אותם, ביסורים כאלו הקשים ממות? הרי שאין צדק כלל בתנאים של השלום, והשלום סותר לצדק. וכן הצדק סותר לשלום, כי אם נסדר את חלוקת הרכוש, על פי הצדק, דהיינו ליתן להמתרשלים והתמימים חלק חשוב בערך עם הזריזים ובעלי המרץ, הרי בעלי הכח והיזמה הללו, ודאי לא ינוחו ולא ישקיטו, עד להפיל את כל הנהלה ממין הזה, המשעבדת את הגדולים בעלי המרץ, ומנצלים אותם בשביל הנמושות הללו. ואין ע"כ על כן שום תקוה לשלום הצבור. הרי שהצדק סותר לשלום.

והנך רואה, איך המדות שבנו מנגחות ונלחמות זו בזו, ולא לבד בין כתות לכתות, אלא בכל אדם יחיד ג"כ גם כן, נמצאים הד' המדות הללו שולטים בו בבת אחת או בזה אחר זה, ונלחמות בקרבו עד שאין מקום להשכל הישר לסדר אותם ולהביאם, לידי הסכמה מוחלטת אחת, אלא שכל אחת מפריע על דרכה של חברתה.

La raíz de todas las contradicciones en el mundo

La verdad es que la raíz de toda esta gran confusión que prevalece en nosotros no es otra que la Individualidad Única que mencionamos anteriormente, la cual está presente en cada uno de nosotros, en un mayor o menor grado. Hemos explicado su hermoso, exaltado y grandioso propósito, considerando que esta cualidad nos es extendida directamente por el Creador, quien es el Único y Solamente Uno en el universo y la Raíz de todas las criaturas. Sin embargo, debido a que esta [la Individualidad Única] evolucionó en nuestro egoísmo estrecho, su acción se ha vuelto esa de la destrucción y la devastación. Tanto así, que se ha vuelto la fuente de toda la destrucción que fue infligida y será infligida en este mundo.

Y usted debe saber que ningún ser humano en el mundo está libre de [esta Individualidad Única]. Todos los desacuerdos están solamente en las maneras de usarla; ya sea por los deseos del corazón o por el poder de gobernar, o por el honor, estas son las maneras en que las personas difieren cada una de las otras. Pero el aspecto igual que toda la gente del mundo comparte es que cada uno de nosotros está listo para sacar ventaja de toda la otra gente en el mundo para su propio beneficio personal, usando todo medio posible a su disposición, sin tomar en cuenta que al hacerlo así, se va a beneficiar sobre la base de la destrucción del otro.

El tipo de justificación con la que cada persona llega, de acuerdo a sus intereses y punto de vista, no tiene ninguna importancia aquí. El Deseo de Recibir es la raíz de la mente; la mente no es la raíz del deseo. Y francamente, se puede decir que cuanto más grande y excelente es una persona, en el mismo grado la calidad de su Individualidad Única es mayor y más prominente.

Ahora trataremos de penetrar y entender las condiciones apropiadas que serían finalmente aceptadas por la humanidad cuando la era de la paz en el mundo aparezca para determinar hasta qué punto estas

שורש כל הסתירות שבעולם

והאמת הוא, ששורש כל הערבוביא הרבה הזאת השוררת בנו, אינו יותר, רק ממדת היחידיות הנזכר לעיל, המצויה בכל אחד ואחד מאתנו אם פחות ואם יותר, והגם שבארנו בה טעם יפה וגבוה מאד נעלה, אשר מדה זאת נמשך לנו ישר מהבורא ית' יחידו של עולם, שהוא שורש כל הבריות, עם כל זה מתוך שנתישבה בבחינת העגואיזם הצר שלנו, נעשית פעולתה לפעולת הריסה וחורבן, עד שהיתה למקור לכל החורבנות שהיו ויהיו בעולם.

ויש לדעת, שאין לך אף אדם אחד בעולם, שיהיה בן חורין ממנה, וכל החילוקים המה, רק באופני ההשתמשות עמה, אם לתאות לב, אם לממשלה, אם לכבוד, שבהם מתחלקים הבריות זה מזה, אבל הצד השוה שבכל בריות העולם הוא, שכל אחד מאתנו עומד לנצל לכל הבריות שבעולם לתועלתו הפרטית, בכל האמצעים שברשותו, ומבלי לקחת בחשבון כלל שהולך להבנות על חורבנו של חבירו.

ולא חשוב כאן כלום ההוראת התר, שכל אחד ממציא לעצמו על פי כיון המתאים לו, כי הרצון הוא שורש לכל שכל, ואין השכל שורש להרצון. והאמת ניתן להאמר, אשר כל שהאדם גדול ביותר ומצויין ביותר, הרי באותו השיעור ממש, מדת היחודיות שבו גדול ומצויין ביותר.

עתה נחדור להבין בתוך התנאים הישרים שיתקבלו סוף סוף על האנושות לעת הופעת הזמן של שלום העולם: לדעת במה כחם של התנאים הללו

condiciones son convenientes para traer una vida de felicidad tanto al individuo como a la sociedad, y para examinar el grado al que la humanidad como un todo está preparada para finalmente recibir estas condiciones sublimes.

יפה עד להביא את החיי אושר להיחיד ולהצבור ולדעת את ההכנה שישנה בכלל האנושיות עד כדי לעמוס על עצמם לבסוף התנאים הגבוהים האלו.

Las dos caras de la moneda de la individualidad única

Así que retornemos al asunto de la Individualidad Única en el corazón de cada persona, la cual está lista para tragarse al mundo entero para su propio placer. Debemos considerar la pregunta mencionada previamente con respecto a la importancia y la gloria de la raíz [de esta Individualidad Única] como una extensión directamente del Uno y Único del universo [el Creador] a los humanos, quienes son Sus ramas, como se mencionó anteriormente. Esta pregunta es válida y demanda una respuesta: ¿Cómo es esto de que esta [Individualidad Única] se manifieste dentro de nosotros de manera tan distorsionada, volviéndose la raíz causa y progenitora de todos los destructores y provocadores de ruina del mundo? Tales preguntas no pueden ser dejadas de lado sin una respuesta.

Verdaderamente, hay dos caras de la moneda de esta Individualidad Única. Si la examinamos desde el punto de vista de una cara, la cara exaltada, que significa: del aspecto de su afinidad con el Uno y Único de este universo [el Creador], esta [la Individualidad Única] opera solamente a través del modo de "compartir con los demás". Después de todo, el Creador está allí enteramente para compartir. No tiene ningún indicio de recibir en Él porque no le hace falta nada, no necesita recibir nada de Sus criaturas, Sus propios seres creados. Por lo tanto, la Individualidad Única que es extendida de Él a nosotros debe, por necesidad, operar también en la forma de "compartir con los demás" en vez de "recibir para sí mismo".

Pero mirando la otra cara de la moneda —del segundo aspecto, inferior, esto es: desde el punto de vista del modo en que esta [la Individualidad Única] funciona dentro de nosotros en la práctica— encontramos que esta se comporta de una manera [lit. dirección] completamente opuesta porque opera solamente en la forma de "recibir para uno mismo", por ejemplo, como una ambición de ser la persona más rica en el mundo, o la persona más llena de honores en todo el mundo, etc. Al final, por lo tanto, estos dos aspectos

שני הצדדים שבהמטבע היחודיות

ונחזור לדבר היחידיות שבלב כל אדם העומדת לבלוע להנאתה את כל העולם ומלואה כי השאלה הנזכרת בדבר החשיבות ותפארת שורשה שהיא נמשכת ישר מיחידו של עולם לבני האדם שהם ענפיו כנזכר לעיל. הריהי עומדת ותובעת לעצמה תשובה איך יצוייר לה להגלות בתוכינו בצורה מקולקלת כזאת ולהעשות לאבי אבות כל מזיקי ומחריבי עולם ומהמקור של כל בנין יתמשך ישר ויצא, המקור של כל חורבן. ואי אפשר להניח שאלה כזאת, בלי פתרון.

אמנם יש שני צדדים, בהמטבע של היחודיות האמורה, כי אם נסתכל בה מצדה הא׳ העליונה דהיינו מצד השתוותה עם יחידו של עולם, הרי היא פועלת רק בצורות של ״השפעה לזולתו״, שהרי הבורא ית׳ כולו להשפיע הוא עומד, ואין בו מצורות של קבלה ולא כלום, כי לא חסר לו מאומה, ואינו צריך לקבל דבר מבריותיו שברא. ולכן, גם היחודיות שנמשך בנו ממנו ית׳, מחויבת שתפעיל גם כן רק בצורות של ״השפעה לזולתו״, ולא כלום ״לקבל לעצמו״.

ומצד הב׳ של אותו המטבע, דהיינו אם נסתכל בה מצדה הב׳ התחתונה, דהיינו מבחינת צורת פעולתה המעשיית שפועלת בנו, נמצאת שפועלת בכיון הפוך לגמרי, כי פועלת רק בצורות של ״קבלה לעצמו״. כגון, להיות העשיר הגדול היחידי שבכל העולם, או המכובד הגדול היחידי שבכל

forman dos extremos que están tan distantes uno del otro como sea posible, tal como el Este está distante del Oeste.

העולם, וכדומה. באופן, שב׳ הצדדים האמורים, הם ב׳ קצוות רחוקים זה מזה בתכלית המרחק, כרחוק מזרח ממערב.

La solución

Aquí encontramos la respuesta a la pregunta que hicimos anteriormente: ¿cómo es que la misma Individualidad Única, que brota y llega a nosotros del Uno y Único del universo, Quien es la Fuente de toda construcción, sirve en nosotros como la fuente de toda destrucción? Todo esto nos ha sucedido porque estamos usando esta vasija preciosa [la Individualidad Única] de una manera [lit. dirección] opuesta, como hemos explicado. No estoy afirmando que la Individualidad Única dentro de nosotros nunca absolutamente actúa en la forma de "compartir con los demás", reflejando el lado A, el cual discutimos anteriormente. No podemos negar que hay gente entre nosotros en quienes la Individualidad Única opera para compartir con los demás, tales como aquellos que gastan generosamente de su propia riqueza para el beneficio de la sociedad con notable excelencia, sobrepasando a cualquier otro en el mundo, y también aquellos que gastan toda su energía por el bien de la sociedad, etc.

Pero estas dos caras de la moneda, las cuales he descrito, hablan solamente acerca de los dos puntos en la evolución de la Creación, [una evolución] que trae todo a su perfección. Esta [la evolución] empieza desde la ausencia [3], y lenta y gradualmente asciende por la escalera de la evolución, desde un nivel inferior a uno superior, y de [ese nivel] a uno aún más alto, hasta que llega a la meta en la altura de su ascenso [4], la cual es su grado predeterminado de perfección, donde descansa, permaneciendo en ese estado por la eternidad.

En esta secuencia de desarrollo, hay dos puntos: el punto inicial, que es la etapa más baja y está muy cercana a la vaciedad completa, que es descrita como la segunda cara de la moneda; y el zenit de la evolución, donde descansará y permanecerá por la eternidad, y que fue previamente descrita como la primera cara de la moneda.

---

3 Solo Deseo de Recibir, sin compartir.

4 Compartir sin intención oculta.

הפתרון

ומצאנו בזה הפתרון למה ששאלנו, איך אפשר שאותו היחידיות הנובעת ומגעת אלינו מיחידו של עולם, שהוא המקור לכל בנין, תהיה משמשת בנו למקור לכל חורבן? כי זה הגיע לנו, מתוך שאנו משמשים עם כלי היקרה הזאת בכיון הפוך, כאמור. ואיני אומר, שהיחודיות שבנו לא יארע לה לעולם, שתפעול בנו בצורות "השפעה לזולתו" כמו צד הא' הנזכר, כי אי אפשר להכחיש, שנמצא בתוכנו אנשים, שהיחודיות פועל בהם גם בהשפעה לזולתם, כמו המפזרים רכושם לטובת הכלל, בהצטיינות ניכר, העולה על כל העולם, וכן המפזרים כל יגיעותם לטובת הכלל, וכדומה.

אלא אותם ב' הצדדים שבהמטבע, שתיארתי, מדברים רק מב' הנקודות, שבהתפתחות הבריאה, המביאה לכל דבר על שלמותו. שהיא מתחלת מההעדר, ומטפסת ועולה במדרגות ההתפתחות לאט לאט, ממדרגה הנמוכה למדרגה גבוה ממנה, ומשם ליותר גבוה, עד הגיעה על תכלית גבהה, דהיינו במדת השלימות הקצובה לה מראש, אשר שמה כבר תנוח ונשארת קיימת כן לנצח.

אשר יש בסדר התפתחות הזה ב' נקודות, דהיינו: נקודת ההתחלה, שהיא שלובה (שלב) התחתונה הקרובה להעדר הגמור, שהיא המתוארת לצד הב' של המטבע. ונקודת תכלית הגובה, ששמה תנוח ותשאר קימת לנצחיות, היא המתוארת בצד הא' של המטבע.

Ciertamente, este período en el que nos encontramos, ya está bastante desarrollado, habiendo pasado a través de muchos niveles [en el proceso evolutivo]. Ha ascendido de la etapa más baja, que es el anteriormente mencionado lado B, y se ha aproximado considerablemente al lado A. Es por esto que hay aquellos entre nosotros que usan la Individualidad Única dentro de ellos en el modo de "compartir con los demás". Pero debido a que estamos todavía a la mitad del proceso de evolución, estas personas son todavía escasas. Y cuando finalmente lleguemos al zenit, el más alto nivel final, entonces todos usaremos nuestra Individualidad Única solamente en el modo de "compartir con los demás". No se le ocurrirá a nadie que podría usarla en el modo de "recibir para uno mismo", significando el lado B de la moneda.

אמנם תקופה זו, שאנחנו נמצאים בה, כבר התפתחה במדה מרובה, ועלתה כבר מדרגות רבות, דהיינו במדה, שהתרוממה למעלה משלובה (שלב) התחתונה, שהיא צד הב' הנזכר, והתקרבה במדה ניכרת אל צד הא' ועל כן כבר נמצאים בנו אנשים המשמשים עם היחודיות שבהם בצורות של "השפעה לזולתו" אלא שעדיין מועטים המה להיותינו נמצאים עוד באמצע הדרך של ההתפתחות. וכשנגיע לנקודת הגובה סוף כל המדרגות אז כולנו נשמש בהיחודיות שלנו רק בצורות של השפעה לזולתו ולא יארע פעם לשום אדם שישמש עמה בצורות של "קבלה לעצמו": דהיינו לגמרי, כצד הא' של המטבע.

El estilo de vida de la generación final[5]

Basados en esos pensamientos, tenemos ahora la posibilidad de mirar el estilo de vida de la generación final, que es el tiempo en que la paz en el mundo prevalecerá. En otras palabras, este es el tiempo en que la humanidad como un todo llegará a la cumbre de la evolución, o cara A de la moneda. Este será el tiempo en que la Individualidad Única será usada únicamente en el modo de "compartir con los demás" y para nada en el modo de "recibir para uno mismo". Y sería valioso en nuestro tiempo copiar [describir] su modo de vida, tanto de la vida individual como de la vida de la sociedad, de una manera que nos enseñe lecciones valiosas, para que sea incorporado aun en los torrentes de inundación de nuestras vidas. Puede ser que sería posible y valioso hacer un experimento y adoptar este modo de vida en nuestra generación presente.

Sería apropiado comenzar con lo más excelso, que probablemente, es el fundamento sobre el cual toda la estructura de esa sociedad está basada y por la cual es sostenida. Ellos [los miembros de la sociedad] han invertido un gran e ilimitado esfuerzo para crear ellos mismos un cofre de un tesoro literario clásico de libros de sabiduría, editados con gran habilidad dialéctica. El propósito [de estos libros] es cultivar una forma de ver la vida con respecto a "compartir con los demás" y producir la manifestación de dicho punto de vista. [Estos libros] capturan los corazones de tantos que todas las personas, desde la menor hasta la más grande, están sumergidas en ellos con gran placer. Sus tribunales están completamente ocupados dando "títulos de distinción" a las personas, quienes realmente demuestran un logro de cierto nivel de "compartir con los demás". No hay uno que no porte en su manga tal título de distinción de un nivel u otro. La opinión pública mantiene a estos portadores del título en alta estima y honor.

5 El final del proceso de corrección.

תנאי החיים של הדור האחרון

ועל פי דברים הללו מצאנו לנו הזדמנות להסתכל בתנאי החיים של דור האחרון, כלומר שבעת הופעת הזמן של שלום העולם דהיינו בזמן שהאנושיות כולה תגיע לנקודת הגובה לצד הא' של המטבע ויהיו משמשים עם היחידיות שבהם רק בצורות של "השפעה לזולתו" ולא כלל בצורות של "קבלה לטובת עצמו". וכדאי להעתיק [לתאר] כאן את צורות החיים שלהם מחיי היחיד לחיי החברה במדה שתשמש אלינו לקח למופת ולהתיישב תחת שטף גלי החיים שלנו. אולי כדאי ואפשר גם בדורנו זה לעשות איזה נסיון להתלבש בצורות החיים שלהם.

ומתחילה ראוי להקדים את הדבר הנכבד ביותר שכפי הנראה הוא היסוד שכל בנין החברה ההיא נבנה ונשען עליו והוא, כי ביגיעה גדולה למעלה מכל גבול המציאו לעצמם יצירה ספרותית קלאסית מספרי חכמה הערוכים באמנות דיאלקטית אמנות הדיון רבה המסגלים ומביאים לידי גילוי של תפיסת עולם מיוחדת מבחינת "השפעה לזולתו" והמה צודים כ"כ (כל כך) לבבות עד שכל העם מגדלם עד קטנם עסוקים בהם ראשם ורובם בהנאה עמוקה. הבתי משפט שלהם מלאים עבודה מחלוקת "תוארי כבוד" להעם המציינים את מדרגת השגה המעשיית שזכו בהשפעה לזולתו, ואין אדם שלא יהיה מזוין בתואר כבוד מאיזה מדרגה על שרוולו ודעת הקהל מחשיב ומכבד מאד את משיגי התוארי כבוד ממדרגות החשובים.

Una gran competencia se ha desarrollado entre las personas en torno a la actividad de “compartir con los demás”, al punto que algunas veces se ponen en grandes peligros. Una persona que ha fallado en relación con algún aspecto [de su tarea] y ha actuado para su propio beneficio [en vez de compartir con los demás] puede experimentar cómo su posición social desaparece en la corriente de la vida social tal como las nubes desaparecen con el viento debido a la profunda aversión que todos los niveles de la sociedad sienten [ahora] por él.

Si no tomamos en consideración la pérdida de títulos de distinción debido a la culpa, las leyes de la justicia de los tribunales [de la generación última] no incluyen forma alguna de castigo; más aún, todo acusado sale de la sala del tribunal con algún provecho. Por ejemplo, si la acusación se refiere a negligencia en el trabajo, el veredicto es usualmente para añadir a las raciones de su sustento de modo que se pueda sentir más saludable o reducir las horas de su trabajo. Sólo rara vez ocurre que el acusado es enviado a una institución de educación especial para mejorar su conciencia.

Cada persona cumple su papel en el servicio al público con la máxima perfección y sin ninguna supervisión porque la opinión pública pone presión en cada uno, de maneras ocultas o abiertas, al punto que la persona siente, en sus huesos, la severidad del crimen de aún una ligera traición a la confianza pública de la [misma] manera que nuestra persona siente el crimen de asesinar a otro.

התחרות גדולה התפתחה בהעם על שדה פעולה "מהשפעה לזולתו" עד שמביאים עצמם לפעמים מחמת זה גם בסכנות עצומות. אדם שנכשל באיזה עובדה לתועלתו הפרטית הרי כל עמידתו החברתית התנדפה והלכה לה באויר החיים של החברה כעננים על פני רוח מחמת האנטיפטיא העמוקה מכל שדרות העם אליו.

אם לא להתחשב עם אבידת תוארי הכבוד מחמת אשמה לא נמצא בחוקי המשפט שלהם שום צורה של עונש ולא עוד אלא למעשה יוצא כל נאשם מבית המשפט עם רווח למשל עם האשמה היא בהתרשלות בעבודה יוצא הפסק דין על פי רוב או להוסיף לו על סדרי מזונותיו שיבריא יותר או להפחית לו את מספר שעות עבודתו ולעתים רחוקים מאד יארע גם כן ששולחים את הנאשם לבית חינוך מיוחד לאלו כדי להטיב הפסיכולוגיא שלו.

כל אחד מהם ממלא את תפקידו בשרות הצבור בתכלית השלימות בלי שום השגחה כי דעת הקהל לוחץ על כל אדם כבגלוי כבסתר עד שהאדם מרגיש בעצמותיו את חומר העון ממשהו אונאת הצבור במדה שהאדם שלנו מרגיש את העון של רציחת נפש.

Trabajo obligatorio y trabajo voluntario

La diferencia de estatus en la sociedad entre aquellos que son negligentes [o lentos] y aquellos que son enérgicos es obvia y aparente: el estatus de aquellos que son negligentes [o lentos] es muy bajo porque la Suprema Providencia ha quitado todo honor de ellos. Cada grupo —esto es: un cierto número de personas con suficientes medios para cubrir todas sus necesidades y hacerlos independientes de los demás— tiene su propia administración con una asignación de un cierto número de horas de trabajo de acuerdo con las condiciones de su ubicación. Esto es hecho de una manera que haya suficiente para cubrir todas sus necesidades. La asignación [de horas de trabajo] es cubierta por los miembros a través de horas de trabajo obligatorias y horas de trabajo voluntario.

Hay cuatro clases de horas obligatorias de trabajo, y cada persona, con confianza completa y por su propia decisión, debe asignarse a [una forma de estas horas de trabajo obligatorias], de acuerdo con su habilidad. La primera clase [de horas obligatorias de trabajo] se relaciona con los debiluchos en la comunidad, quienes están comprometidos a una hora por día. La segunda clase se relaciona con los saludables que se comprometen a dos horas de trabajo. La tercera clase se relaciona con los fuertes que se comprometerán a cuatro horas, y la cuarta clase se relaciona con los más enérgicos que están comprometidos a ocho horas diarias. Estas son las horas obligatorias de trabajo. Adicionalmente, hay miembros de todas las cuatro clases que se comprometen a horas de trabajo voluntario por su fuerte deseo de "compartir con los demás". Los ingresos del trabajo voluntario crean una base de riqueza para la comunidad, y esta riqueza está allí para apoyar a las comunidades en todos los países que se están rezagando.

שעות חובה ושעות נדבה

ההפרש המעמדי שבהצבור בולט וניכר לעין בין המתרשלים ובין הזריזים כי מעמד המתרשלים ירוד מאד בהחברה כי ההשגחה העליונה מנעה אותם מכבוד. כל חברה, דהיינו מספר אנשים עם אמצעים המספיקים לכל צרכם שעושה אותם בלתי תלויים באחרים, יש לה הנהלה משלה עם תקציב של מספר שעות עבודה בהתאם לתנאי המקום שלהם באופן שיספיקו לכל משאלותיהם אשר תקציב הזה מתמלא על ידי החברים משעות חובה ומשעות נדבה.

השעות חובה באים מד' סוגים שכל אדם נאמן על עצמו להכנס להסוג שהוא בהתאם עם כחו: סוג הא' הם החלושי כח שבהחברה מתחייבים בשעה אחת ליום, סוג ב' הבריאים מהם מתחייבים בב' שעות, סוג ג' האמיצי כח בד' שעות, סוג ד' הזריזים ביותר מתחייבים בשמונה שעות ליום. אלו המה שעות חובה ומלבד זה נמצאים חברים מכל הד' סוגים שנותנים שעות נדבה מתוך רצונם החזק "בהשפעה לזולתו" שהיוציר משעות נדבה אלו בונה אוצר להחברה והאוצר הזה קיים לתמוך בחברות נחשלות בכל הארצות.

Cómo adaptar el estilo de vida del futuro a nuestra generación

Ahora me imagino que no hay mucha necesidad de hablar demasiado acerca del estilo de vida de la generación del futuro porque aun las cosas que ya he dicho estimularán el interés de cualquier persona inteligente por contemplar y ver cuán bien adaptado y calificado [es este estilo de vida] para esta generación nuestra. Y trataré también de elaborar acerca de esto porque creo que hay una posibilidad de incorporar en el futuro cercano estas formas de vida aun en la manera que nosotros mismos vivimos hoy; esto depende solamente del entendimiento.

Es decir: explicar a los líderes de nuestra generación...
Y ya hemos hablado de esto previamente...
[Rav Ashlag escribió estas dos líneas y luego las tachó].

Primero que nada, cada uno debe entender bien y explicar a [la gente] en su vecindario que la paz de la sociedad, esto es: la paz del país y la paz del mundo, son completamente interdependientes, porque en tanto las leyes de la sociedad no cumplan los deseos de cada individuo en el país sino que dejan a una minoría insatisfecha por la forma en que la sociedad es gobernada, esa minoría conspirará contra el gobierno y buscará derrocarlo.

Y si ellos, [la minoría] no son lo suficientemente poderosos para luchar cara a cara con el gobierno desde dentro, entonces tratarán de derribarlo [al gobierno] indirectamente. La manera más fácil de conseguir esto es incitar a un gobierno contra otro y conseguir que ellos [los países] luchen uno con el otro porque es natural que en tiempos de guerra su poder [de los insatisfechos] sea aumentado por la adición de muchas personas descontentas desde dentro del país. De esta manera, esperan ganar una mayoría decisiva y derribar al gobierno de su país y erigir un nuevo gobierno que es más favorable para ellos. Esto pone en claro que la paz de un país individual es una causa directa de la paz mundial.

איך להנהיג את סגנון חיי דור העתיד בדורנו זה

אשער לעצמו כעת שאין צורך להאריך ולתאר יותר מתנאי החיים של דור העתיד כי גם הדברים שהבאתי כבר נותנים ענין רב לכל בר דעת להתבונן בהם על כמה שהמה מסוגלים ומתאימים לדורינו זה וגם אני אנסה לשאת וליתן בהדבר כי לדעתי יש אפשרות לא רחוק ביותר להנהיג הסדרים הללו גם בסדרי החיים שלנו אלא רק בהבנה תלוי הדבר.

כלומר להסביר למנהיגי הדור

וכבר הבאנו לעיל

[הערת העורך: הרב אשלג כתב שתי שורות אלה ומחק אותן]

ראשית כל צריך כל אחד להבין היטב ולהסביר את הסביבה שלו אשר שלום החברה דהיינו שלום המדינה ושלום העולם תלוים זה בזה לגמרי כי כל כמה שחוקי החברה אינם משביעים רצון לכל יחיד ויחיד שבהמדינה אלא שמשאירים מיעוט בלתי מרוצים מהנהלת החברה הרי המיעוט הזה חותר תחת הנהלה זו ומבקש להפילה.

ואם אין כחו מספיק להלחם עם הנהלת המדינה פנים בפנים הריהו צודה להפיל אותם בדרך עקיפין שדבר הקרוב להם ביותר הוא לשסות הממשלות זו בזו ולהביאם לידי מלחמה. כי טבעי הוא שבעת מלחמה נוסף עליהם הרבה בלתי מרוצים מבני המדינה ואז יש תקוה להם להשיג רוב מכריע ולהפיל הנהלת המדינה ולהקים הנהלה כזו הנוח להם ביותר. הרי ששלום הפרטי של המדינה הוא גורם ישר לשלום העולם.

La paz del mundo y la paz del país son interdependientes

Más aún: si usted toma en cuenta el sector de la población del país que es experto en guerra y para quienes el conflicto es su esperanza de éxito —por ejemplo: expertos en guerras [los militares] y la industria de las armas, quienes forman una muy importante minoría en el país con respecto a la cualidad de la sociedad— y si les añade la minoría que no está contenta con las reglas que gobiernan al país, entonces puede usted ver que en cualquier tiempo dado, la mayor parte de la gente del país está a la expectativa de las guerras y el derramamiento de sangre. Esta es una demostración muy práctica de que la paz mundial y la paz de un país están entretejidas y son interdependientes.

Y si este es el caso, resulta necesariamente que aquellos de la población del país que están satisfechos con las presentes leyes, significando los enérgicos y los inteligentes, aún están muy preocupados por la seguridad de sus vidas debido a la ausencia de paz en el mundo. ¿Y qué clase de satisfacción podría uno encontrar cuando sabe que la mayoría de la gente en su país está conspirando contra su vida? Si cada uno entendiera esto, estarían probablemente felices de aceptar completamente el estilo de vida de la generación final anteriormente mencionado porque cada uno dará gustosamente todo lo que posee para proteger su vida.

שלום העולם ושלום המדינה תלויים זה בזה

ולא עוד אלא אם תקח בחשבון את אותו החלק הנמצא תמיד בהמדינה אשר המלחמה היא אומנותם וכל תקות הצלחתם, כמו המלומדי מלחמה והעוסקים בהספקת צרכי זיון שמבחינת האיכות החברתי הם מיעוט חשוב מאד בהמדינה, ואם עוד תצרף עליהם את המיעוט שאינם מרוצים מחוקים הקיימים בהמדינה הרי לפניך בכל שעה ושעה רוב בנין גדול בהמדינה המשתוקקים למלחמות ושפיכת דמים. מבחינת המעשיית הרי ששלום העולם ושלום המדינה תלויים זה בזה.

ואם כן הוא, נמצא בהכרח, שאפילו אותו החלק שבהמדינה אשר מרוצים כעת מהחוקים הקיימים דהיינו הזריזים והפקחים עדיין עומד לפניהם דאגה רבה לבטחון חייהם מחמת חוסר השלום בעולם. ואיזה סיפוק נפשי מוצא אדם בשעה שיודע שרוב בני המדינה חותרין תחת חייו, ואם היו מבינים את זאת היו שמחים בודאי לקבל בהחלט את סדרי החיים הנזכרים של דור האחרון כי כל אשר לאדם יתן בעד נפשו.

La gente produce más de lo que recibe

Y cuando miramos cuidadosamente y captamos bien con nuestra mente el plan mencionado de la generación final, llegamos a darnos cuenta de que la médula de la dificultad y la pesadez está en transformar nuestra naturaleza del Deseo de Recibir Para Sí Mismo en Deseo de Compartir con los demás. Aparentemente, estos dos [deseos] se oponen uno al otro, y a primera vista, puede parecer solo como una fantasía general, algo que está más allá de la naturaleza humana; por lo menos por lo que a la mayoría de la humanidad concierne. Verdaderamente, cuando miramos profundamente en esto, encontraremos que la contradicción entre "recibir para uno mismo" y "compartir con los demás" no está solamente en el aspecto psicológico.

En realidad, no hay una sola persona en el mundo que reciba para sí misma, sino más bien, todos compartimos con otros sin derivar recompensa alguna para nuestro propio beneficio. Esto es porque aunque el Recibir Para Uno Mismo ha sido descrito como que tiene diferentes elementos —desde posesiones y propiedad hasta varios lujos que alegran al corazón, el ojo, el estómago [lit. paladar], etc.— cuando de hecho, todos estos son definidos por un término: placer. Por consiguiente, la esencia toda de Recibir Para Uno Mismo que uno desea, no es otro que este deseo de placer.

Y ahora imagínese si ponemos todas las diferentes clases de placer que obtenemos durante nuestros setenta años a un lado, y toda la aflicción y problemas que sufrimos durante esos setenta años al otro lado, pesados unos contra los otros, y presentados a una persona justo antes de que nazca. Cualquiera con algo de inteligencia juraría que ninguna persona escogería nacer por su propio gusto porque no hay una persona en este mundo cuyos problemas no sean 77 veces más que su placer a lo largo de su vida. Y si este es el caso, ¿qué saca uno de vivir en este mundo?

האדם יוצר יותר ממה שמקבל

והנה כאשר נסתכל ונתפוס בשכלינו היטב את התכנית הנזכר של דור האחרון הנה כל נקודת הקושי והכובד מונחת בהתהפכות הטבע שלנו מן הרצון לקבל לעצמו עד הרצון להשפיע לזולתו. כי לכאורה המה ב' דברים המכחישים זה את זה, ובהשקפה ראשונה מדומה זה רק לפאנטאזיע [פנטזיה] בעלמא ולדבר שלמעלה מהטבע האנושי ועל כל פנים ממרבית האנושיות. אמנם כאשר נעמיק בדבר נמצא אשר כל הסתירה מקבלה לעצמו להשפעה לזולתו איננה רק מבחינה פסיכולוגית בלבד.

כי למעשה אין לך אדם בעולם שיהיה מקבל לעצמו, אלא כולנו רק משפיעים לזולתינו בלי שום טובת הנאה כלל לתועלתו עצמו הפרטית. כי הקבלה עצמית אף על פי שמתוארת אצלינו במינים שונים מרכוש וקנינים ומחמדי הלב, העין, והחיך וכדומה הרי כל אלו מוגדרים רק בשם אחד של תענוג. באופן שכל עיקר הקבלה לעצמו שאדם מתאוה אין זה אחרת אלא שרוצה להתענג.

ועתה צא ודמה לך אם נקבץ כל שיעורי התענוג שמשיג האדם במשך שבעים שנותיו לצד אחד ונקבץ את כל הצער והיסורים שסובל במשך שבעים שנותיו לצד השני בב' מערכות לעיני אותו האדם בטרם שנולד, הרי כל בעל שכל יוכל להשבע ששום בן אדם לא היה מסכים מדעתו להולד. כי אין לך אדם בעולמנו היום שאין היסורין עולים פי שבעים ושבעה על התענוג שלו שבמשך ימי חייו. ואם כן הוא הדבר, איזה קבלה לעצמו משיג האדם בעולמו.

Haga un simple cálculo matemático: suponga que una persona tiene 20 por ciento de placer y 80 por ciento de problemas en su vida. Si usted resta 20 de 80, verá que 60 por ciento del sufrimiento es sin ninguna recompensa. Por lo tanto, de aquí, usted puede medir la real [cantidad de] recepción, que está realmente disponible para esa persona. En efecto, ese 60 por ciento de sufrimiento que quedó sin alguna retribución [positiva], es considerado un déficit solamente para aquella única persona, aunque, si hacemos un cálculo general común, aquí por primera vez [nos damos cuenta de que] una persona produce más de lo que recibe para su propia existencia y disfrute.

ועשה לך חשבון מתימתי פשוט נניח שיש להאדם בימי חייו עשרים אחוזים תענוג ושמונים אחוזים יסורין וקח ונכה את העשרים אחוזים של תענוג מהשמונים של יסורין ישאר בידך ששים אחוזים יסורים בלי שום תמורה, ואמוד מעתה את הקבלה עצמית האפשרית להאדם למעשה. אמנם אין הששים אחוזים יסורין הללו שנשארו בלי תמורה נחשבים לדעפיציט גרעון אלא רק לאותו האדם עצמו, אמנם אם תעשה חשבון עולמי כללי הנה סוף סוף האדם יוצר יותר ממה שמקבל לקיומו ולהנאתו.

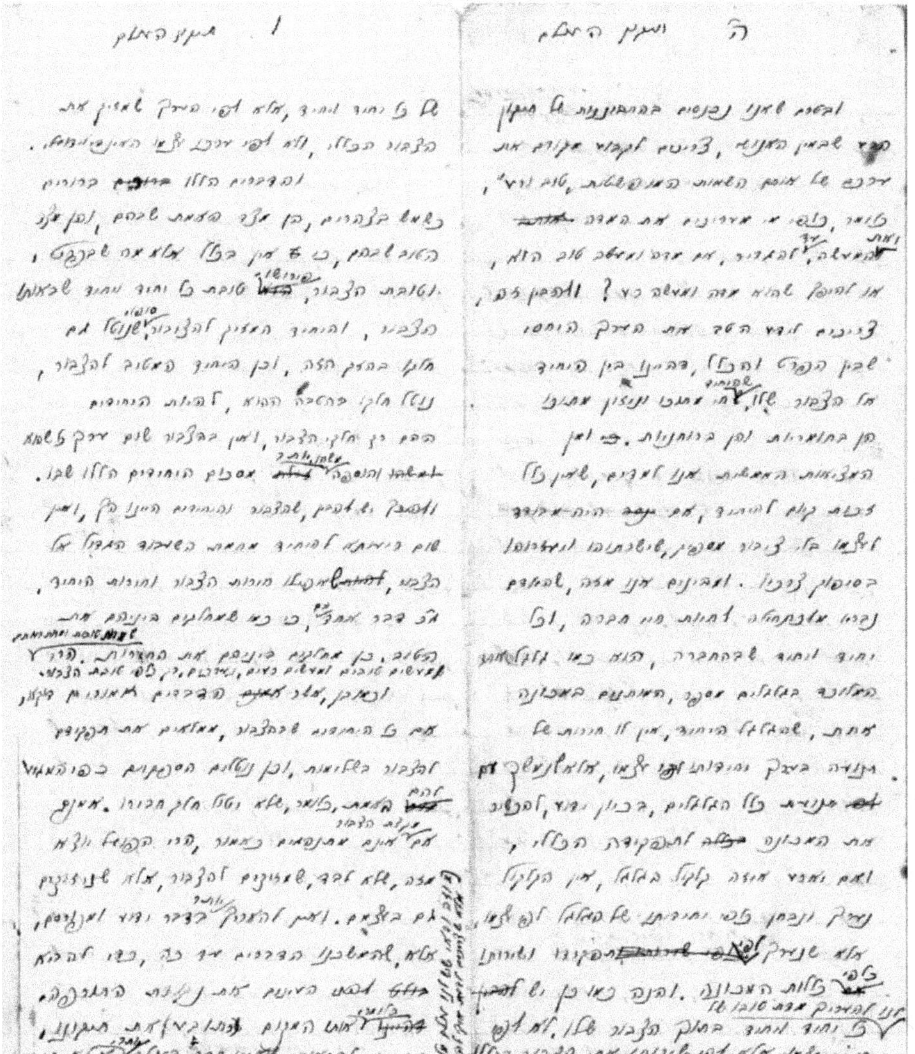

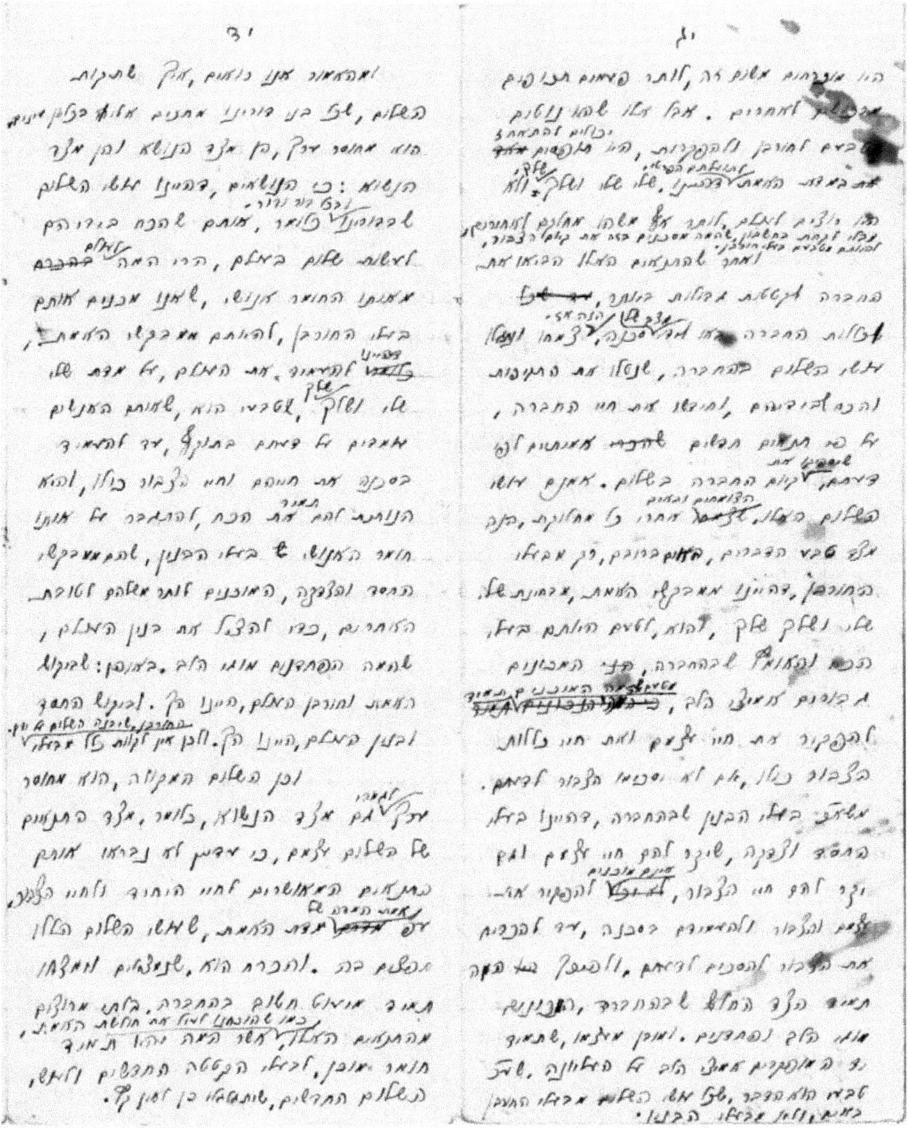

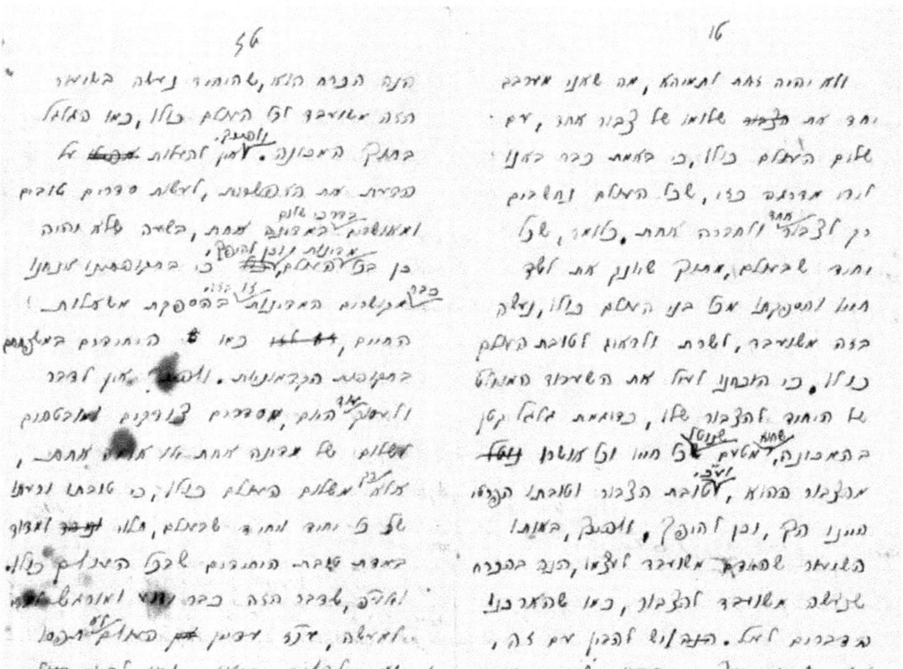

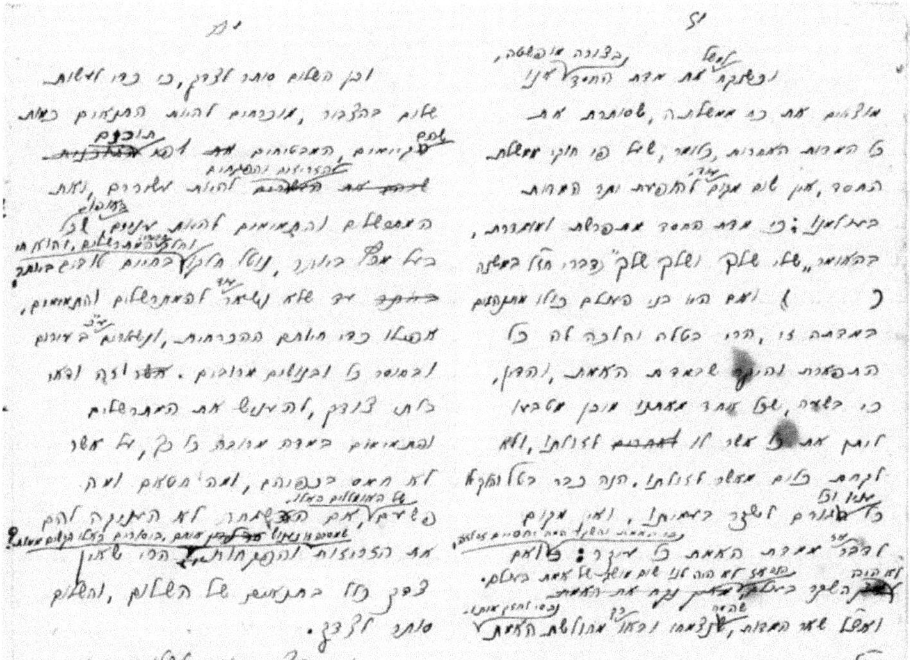

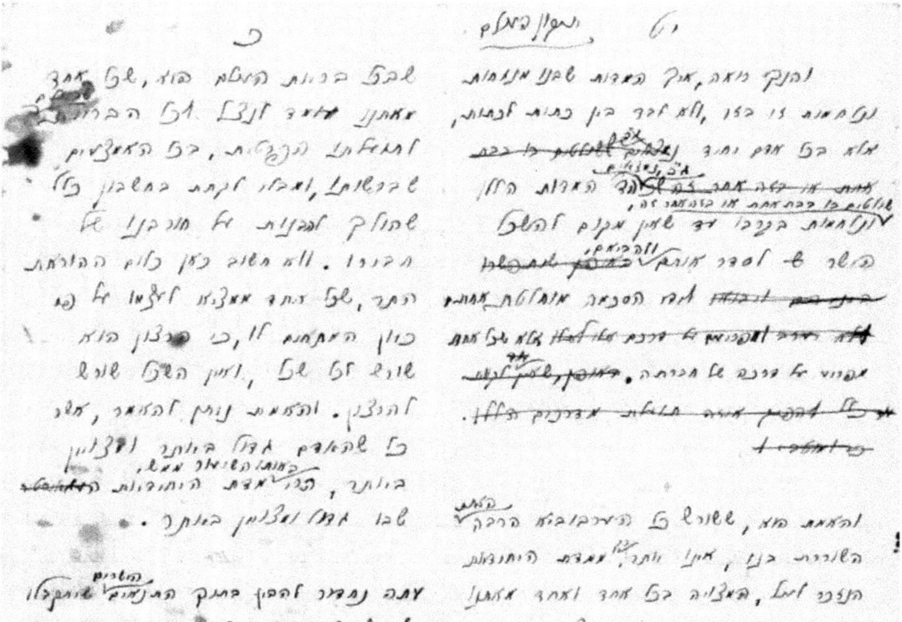

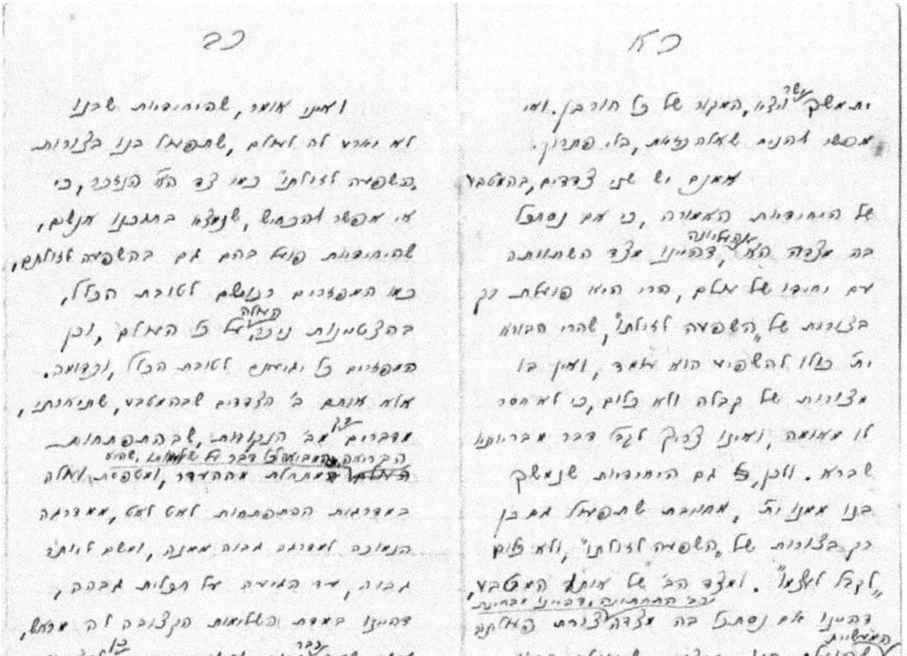

כד
תנאי הקיום של הדור האחרון
כג

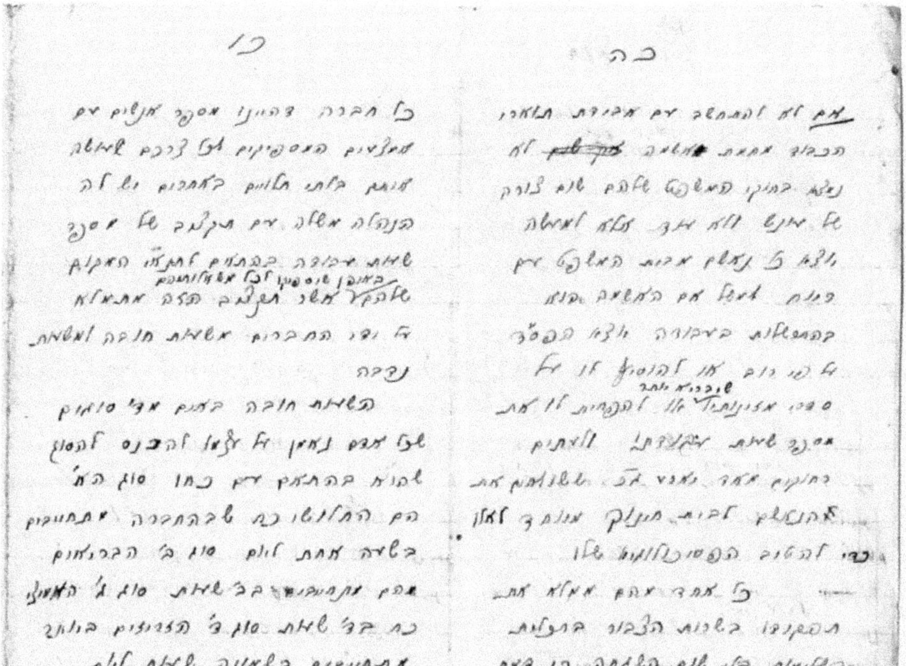

כו

כה

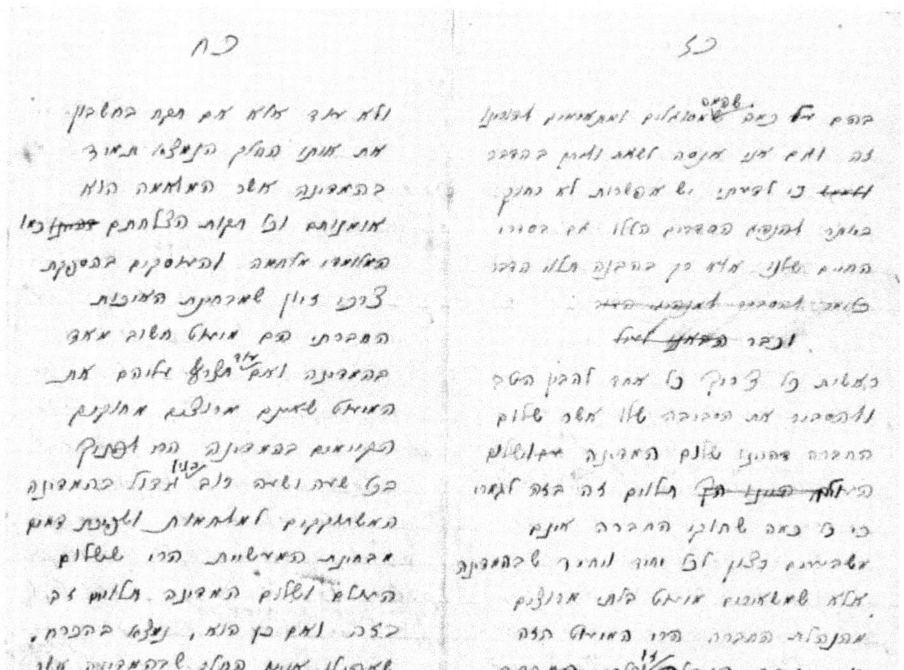

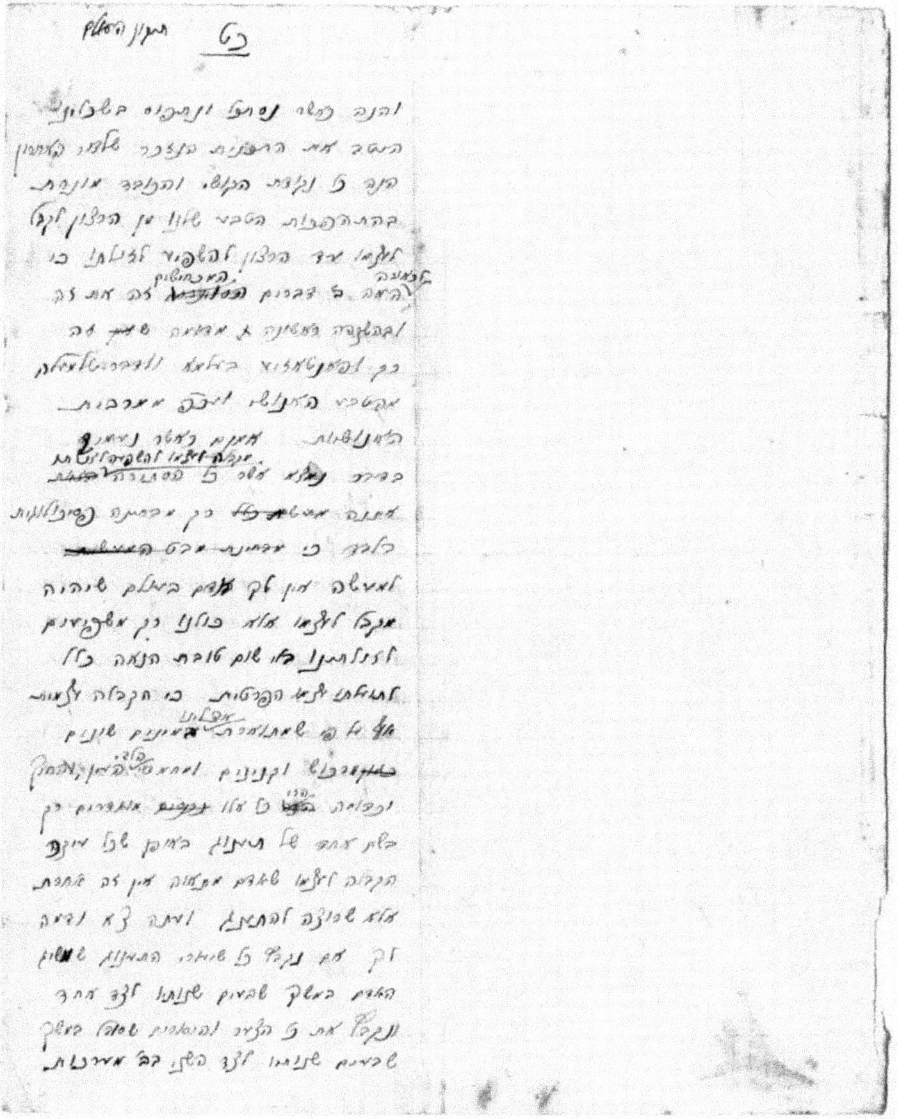

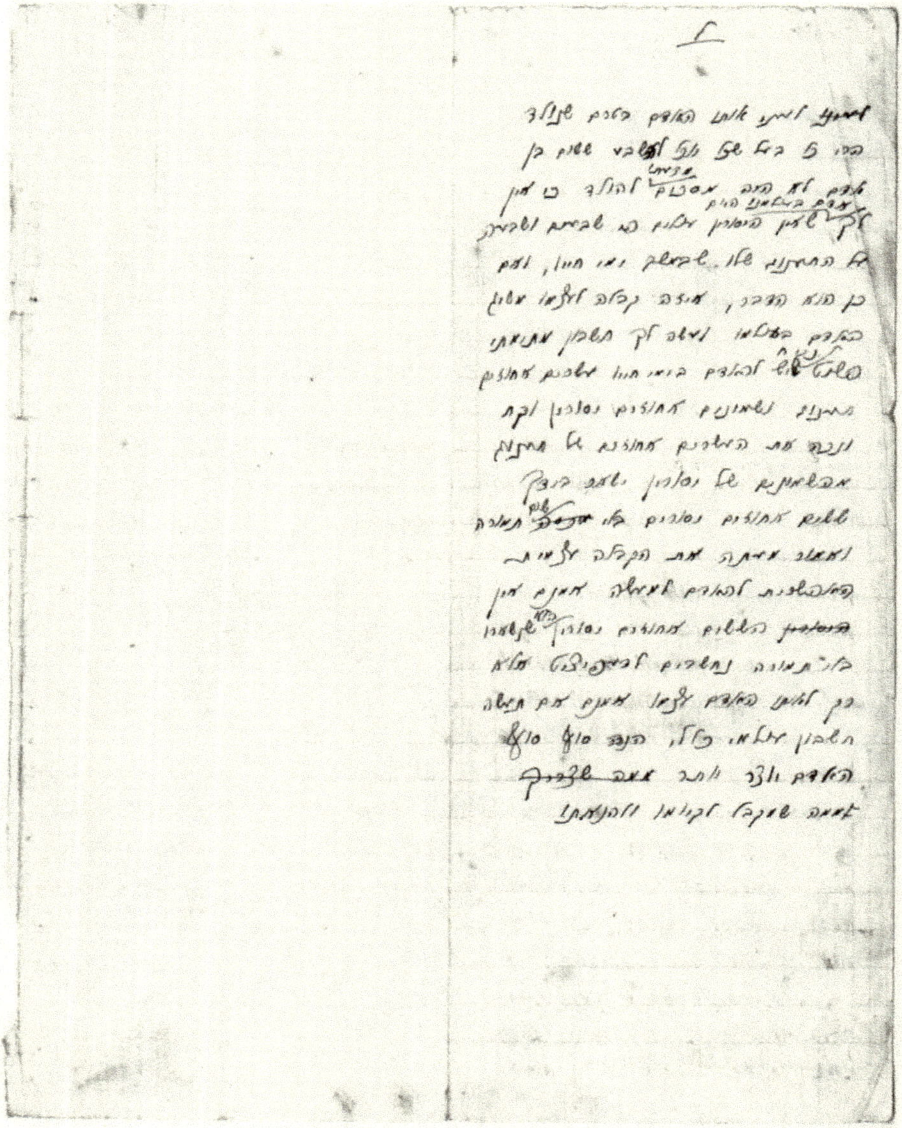

Parte Dos

Un Precepto

חלק שני

מצווה אחת

Trabajo Exitoso

(8 de *Nisán*, 5713)
29 de marzo, 1933

Capítulo Uno:
Un Precepto

"Aquel que cumple con Un Precepto inclina en la balanza a sí mismo y al mundo entero al lado del mérito"

La obra del Creador y el cumplimiento de los Preceptos no se consideran hechos a menos que sean Por Ella Misma[1], lo cual significa dar placer al Creador [de la persona]. Al mismo tiempo, nuestros sabios han establecido que uno debe dedicarse al estudio de la Torá y al cumplimiento de los Preceptos aun [si es] No por Ella Misma, declarando que por hacerlo No Por Ella Misma, uno finalmente lo estará haciendo Por Ella Misma.

1 (Nota del traductor: Las expresiones **Por Ella Misma** y **No Por Ella Misma** se refieren a la Torá, como está ampliamente explicado por Rav Áshlag en su libro "Y Escogerás la Vida").

עבודה מנצחת

ח' ניסן תרצ"ג

פרק ראשון:
מצווה אחת

"עשה מצוה אחת מכריע את
עצמו ואת כל העולם כולו
לכף זכות".
(מסכת קידושין, דף מ', עב')

אין עבודות ה' וקיום מצוות זולת לשמה שפירושו לעשות נ"ר נחת רוח ליוצרו אמנם הנהיגו חז"ל חכמינו זכרונם לברכה לעסוק בתורה ומצוות אפי' אפילו שלא לשמה מטעם דמי' שמתוך שלא לשמה יבוא לשמה.

El tema de los preceptos [con respecto a la relación] entre una persona y su prójimo

En lo que respecta a esta costumbre, seguro que uno no cuestionaría (lit. pensaría) las palabras de los sabios. Debemos mantenernos en esta [la costumbre] con toda nuestra fuerza tanto como sea posible. Pero desde el inicio de la Guerra[2], la paciencia de la gente se ha reducido, y todos y cada uno, especialmente los jóvenes, han perdido la fuerza para controlarse y por eso se han vuelto completamente rebeldes. Se ha vuelto totalmente imposible instilar en ellos los hábitos de estudiar la Torá y seguir los Preceptos. Más aún: todo el asunto de No Por Ella Misma, en el cual está basada toda la Obra espiritual de las masas, no es para nada la costumbre en estos días porque el respeto a la Torá ha decaído completamente.

Por lo tanto, he salido con este llamado a los jóvenes israelitas para que regresen a la Obra del Creador y a tener fe en Él [aunque sea] de una manera mínima. No requerimos de ellos una aceptación total e inmediata de la Torá y los Preceptos en su totalidad, sino [simplemente] que todos y cada uno deberían, en todo caso, aceptar Un Precepto. Como los sabios dijeron: "Jabakuk [el profeta] vino y los resumió a todos [a los preceptos] en uno: 'Un justo vive por su fe'". Y aun si una persona dice que cumplirá todos los Preceptos de la Torá, excepto uno [él es como un sirviente que se rebela contra su amo (Rabenu Yona, *Shaaréi Teshuvá* 6)] esto se refiere a individuos que se han perfeccionado y están ahora cumpliendo los Preceptos Por Ella Misma. Pero antes de alcanzar esa perfección —cuando todo el punto de esta Obra [espiritual] no es sino un ejercicio y entrenamiento de modo que traiga al individuo a hacerlo Por Ella Misma— la pérdida no es tan grande entre aquel que lo cumple todo o en parte.

Y por lo tanto, yo digo que el primero y único Precepto que sería una elección [segura] para uno que desea alcanzar [el nivel de] Por

2 La Segunda Guerra Mundial.

ענין מצות בין אדם לחבירו:

והנה מנהג הזה ודאי שאין להרהר אחרי ד'חז"ל דברי חז"ל ועד כמה שאפשר להחזיק בו אנו מחזיקים בו בכל כחנו אמנם אחר פרוץ המלחמה שנחלשה הסבלנות שכאו'א שכל אחד ואחד ובעיקר שהצעירים אבדו כח למשול בעצמם וע"ז ועל זה פרקו עול לגמרי ואי אפשר בשום אופן להרגילם בתו'מצ בתורה ומצוות ולא עוד שכל ענין שלא לשמה שעליו הי' מבססים את עבדות ההמונים אינו נהוג כלל בזמן הזה כי נפלה כבוד התורה.

וכי ע'כ על כן באתי בהכרזה זאת לצעירי בי" בני ישראל לשוב לעבודת הש"י השם יתברך ולאמונתו באופן מקצתי: שאין אנו דורשים מהם תיכף קבלת תומ'צ תורה ומצוות בשלימות אלא כאו'א כך אחד ואחד יקבל עכ"פ על כל פנים מצוה אחת כמ"ש כמו שאמרו חז"ל: בא חבקוק והעמידן על אחת צדיק באמונתו יחי' יחיה ואע'פ ואף על פי שהאומר אקיים כל התורה חוץ מדבר אחד וכו' [הרי זה כעבד המורד ברבו. (שערי תשובה, רבנו יונה ו')] הנה זה אמור בשלימים שכבר עושים המצוות לשמה אמנם בטרם שבאים לשלימות הזה אשר כל העסק בעבודה אינה אלא בחי' בחינת הרגל והכשר כדי שמיתוכה יבוא לשמה אז אין ההפסד גדול כ'כ כל כך במקיימה כולה או מקצתה.

וע'כ ועל כן אני אומר שמצוה ראשונה והיחידה שתהא יותר בטוחה להחפץ לבא לשמה הוא לקבל על עצמו שלא לעבוד לצורך עצמו זולת במינימום

Ella Misma es comprometerse a trabajar no para su propia necesidad excepto para los requerimientos mínimos para vivir, es decir: al punto de proveer solamente para su propia existencia. Y el resto del tiempo, debe estar trabajando para la comunidad, ayudando a los deprimidos y los enfermos y a toda criatura en el mundo que necesita un beneficio, rescate o alguna ayuda.

Servir a la gente de acuerdo con los Preceptos del Creador

Este Precepto [acerca de servir a la gente] tiene dos virtudes: una es que toda persona joven entenderá lo que está haciendo porque esta obra es aceptada y aprobada por personas de todo el mundo; y la segunda es que es posible que este Precepto sea un instrumento mejor para traernos [más cerca] de guardar la Torá y los Preceptos Por Ella Misma más que realizar todos los 613 Preceptos si son hechos por amor propio. Ya que la preparación es en sí misma parte de la meta. Al prepararse para trabajar por los demás, [una persona] actúa para los demás y para el beneficio de ellos y no para sí misma. Y entonces [resulta que] que él lenta y gradualmente será preparado para cumplir los Preceptos del Creador de acuerdo a la condición deseada, esto es: por amor al Creador y no para su propio beneficio. Finalmente, por supuesto, el propósito debería ser cumplir los Preceptos del Creador.

La parte de la Torá que trata [de la relación] entre una persona y su prójimo

Hay dos partes en la Tora: una que trata [de la relación] Entre una Persona y el Creador, y una que trata [de la relación] Entre una Persona y su Prójimo. Por lo tanto, lo estoy llamando a usted a, de alguna manera, dedicarse a, y aceptar todo lo que pertenece a la relación Entre una Persona y su Prójimo, y finalmente también completará usted esto con todo lo que pertenece [a la relación] Entre una Persona y el Creador.

ההכרחי לחיות בהם דהיינו בדיוק עד לידי סיפוק קיומו בלבד ושאר הזמן יעבוד בשביל הצבור להושיע נדכאים וחולים ולכל בריה שבעולם שצריכה ישועה וסתם הטבה.

לשמש לבריות ע'פ על פי מצות השי"ת השם יתברך:

ובמצוה זו יש ב' מעלות האחת אשר כל צעיר יבין אשר עושה מפני שעבודה זו היא מוסכמת ומאושרת מכל בני העולם והשנית הוא מפני שיכול להיות אשר מצוה זו היא מכשיר יותר טוב לבא לקיום תורה ומצוות לשמה, מקיום כל התרי"ג (613) מצוות בשביל אהבה עצמית בשביל שההכנה הוא ממין המטרה כי כהרגיל את עצמו לעבוד לבריות הריהו עושה לאחרים ולטובתם ולא לעצמו וא'כ ואם כן לאט לאט יוכשר לעשות מצות השם ג'כ גם כן בתנאי הנרצה דהיינו לטובת הבורא ית' ולא לטובת עצמו - וכמובן אשר הכונה צריכה להיות בשביל קיום מצות הש"י השם יתברך.

חלק התורה שבין אדם לחבירו:

באופן שב' חלקים בתורה: הנוגע בין אדם למקום, והנוגע בין אדם לחבירו. ועכ' ועל כן אני קורא אתכם עכ'פ על כל פנים לעסוק ולקבל מה שבין אדם לחברו וסוף סוף תשלימו גכ' גם כן במה שנוגע לבין אדם למקום.

Discurso, pensamiento, acción

La Obra [espiritual], con todo lo que su forma pueda ser, debe incluir pensamiento, discurso y acción. El tema de cumplir el Precepto Único ya ha sido aclarado, que es que uno debe comprometerse a dedicar todo su tiempo libre a beneficiar a todos los seres creados en el mundo. El tema del pensamiento es de la mayor importancia en este Precepto, más que en los Preceptos especiales [con respecto a la relación] Entre una Persona y el Creador, porque [cuando hablamos acerca de] los Preceptos Entre una Persona y el Creador, la acción misma prueba que la intención es por amor a su Hacedor, ya que la acción no habría ocurrido si no hubiera sido por Él.

Verdaderamente, los [Preceptos] Entre una Persona y su Prójimo están justificados en y de sí mismos basados en los dictados de la conciencia humana, y si son realizados desde este punto de vista, claramente nada será hecho, significando que las acciones no acercan [a la persona] al Creador y a hacer la Obra realmente Por Ella Misma. Por lo tanto, todos y cada uno debe pensar que está haciendo esto [preocuparse por los demás] solamente para dar placer a su Creador y para establecer una afinidad con Sus caminos: así como [el Creador] es compasivo, así debemos nosotros ser compasivos; así como Él confiere el bien a los demás, así debemos hacerlo nosotros; y así sucesivamente.

Y esta afinidad, junto con hacer buenas acciones, lentamente acercará [a la persona] al Creador de una manera que su Forma sería hecha igual a la espiritualidad y la santidad. Entonces [la persona] se transformará en plantilla de impresión, como una estampa, y será apta para recibir la verdadera abundancia Celestial.

Y el discurso es [un asunto de] orar con la boca durante la Obra y a horas fijas, para que el Creador garantice [a una persona el mérito de] transformar su corazón de recibir a compartir. También

דבור מחשבה מעשה:

העבודה מאיזה מין שתיהי׳ צריכה להכלל במחשבה דיבור מעשה והנה ענין מצוה אחת בחלקה המעשי כבר ניתבאר שהוא שיקבל על עצמו שכל שעת הפנאי שלו יהי׳ מוקדש לתועלת בריות העולם. וענין המחשבה הוא ענין עקרי במצוה זו יותר מבמצוות המיוחדות בין אדם למקום כי אותם שבין אדם למקום, הרי המעשה בעצמו מוכיחה על הכונה לשם יוצרו כי אין שום מקום לאותו המעשה זולתו ית׳ יתברך.

אמנם באותם שבין אדם לחבירו אשר מוצדקים מתוך עצמם מתוך מצפון האנושי המחייבתם ואם יעשה מנקודת השקפה הזאת ודאי שלא יעשה כלום כלומר שהמעשים לא יביאוהו לידי קרבת השי״ת ולידי עבודה לשמה ממש אשר ע׳כ על כן צריך כאוא׳ כל אחד ואחד לחשוב במחשבתו שעושה כל אלה רק בשביל לעשות [נחת] רוח ליוצרם ולהתדמות לדרכיו מה הוא רחום אף אנו מרחמים מה הוא משפיע תמיד טובות אף אנו כן וכו׳.

וענין הדימוי הזאת בצרוף עם המעשים הטובים לאט לאט יקרבהו להשי״ת באופן שיושוה צורתו לרוחניות וקדושה שאז יתהפך כחומר חותם ויוכשר לקבלת שפע העליונה האמתית.

וענין הדיבור הוא תפלה בפה בשעת העבודה ובזמנים קבועים שיזכהו השי״ת להפוך לבו מקבלה להשפעה וכן להגות בתורה ובענינים המביאים

significa contemplar la Torá así como [otros] asuntos que producen esta transformación.

Yo solamente escribo acerca de las cosas que están dentro de mi comprensión

Con respecto a la Divina Providencia Personal, entiendo que hay una diferencia entre [Providencia] en asuntos espirituales y [Providencia] en asuntos físicos. En los asuntos físicos, la Providencia es general, mientras que en los asuntos espirituales —esto es: los dones espirituales que están listos [para ser dados] a cada persona de acuerdo con su comprensión— están bajo la completa y total Providencia para todos y cada individuo, hasta los más minuciosos detalles, a tal precisión que el ojo humano se cansaría examinándolos.

Providencia personal

A causa de que los asuntos físicos y los espirituales están entrelazados (lit. envolviendo uno al otro) y profundamente conectados hasta la última instancia, sería lógico deducir que aun los asuntos físicos están sujetos a la Providencia personal. Pero debido a que hasta ahora usted no ha llegado todavía a conocer precisamente las varias conexiones donde la espiritualidad y la fisicalidad se encuentran una con la otra, por lo tanto, usted no es capaz de concebir la Providencia Física, lo cual es una suposición muy razonable. En todo caso, yo no estoy decidiendo nada sobre este asunto porque mi mandato es escribir y discutir solamente lo que veo con mis propios ojos y toco con mis propias manos y no por declaraciones teóricas, y no tengo derecho a expresar suposiciones [que vienen solamente] de mi propia mente.

התהפכות הזה.

איני כותב אלא מה שבהשגתי:

בדבר ההשגחה הפרטיות השגתי בהפרש בין גשמיות לרוחניות אשר הגשמיות מושגח בכללות אמנם הרוחניות כלומר השפעות הרוחניות המוכנות לכל אדם לפי השגתו הרי המה מושגחים לכל פרט ופרט בתכלית ההשגחה המפורטת בקטנטנות מדויק כזה אשר עין אדם ילאה לעמוד עליו.

השגחה פרטיות:

אמנם מתוך שהגשמיות והרוחניות מלובשים זה בזה ומקושרים זב'ז זה בזה לכל מקריהם א'כ אם כן אפשר להסיג מתוך שכל העיוני אשר גם הגשמיות מושגחה בהשגחה פרטיות אלא מתוך שעד הנה עוד לא ידעת בדיוק כל מיני הקשרים אשר הגשמיות והרוחניות יפגשו זה בזה ע'כ על כן לא תוכל להשיג את השגחה הגשמית והוא סברה מקובלת מאוד אולם בין כך ובין כך איני מחליט על ענין זה כלום כי חוקי לכתוב ולהודיע רק מה שאני רואה בשתי עיני ומשיג בשתי ידי ולא מפי משפטים עיוניים ואין לי הצדק לומר סברות מדעתי.

Dar placer a su Hacedor inconscientemente

Nunca debemos esperar que vendrá un tiempo en que el mundo estará tan desarrollado que todos podrán empezar la Obra del Creador [en el nivel de] Por Ella Misma. Más bien, como siempre ha sido y todavía es hoy y siempre será, todo aquel que cumple con la Obra del Creador debe empezar a [hacerlo así por] dedicarse a esta Obra No Por Ella Misma. Y de esto, alcanzará [el nivel de] Por Ella Misma. Verdaderamente, este comienzo [Por Ella Misma] no está limitado por el tiempo sino que depende de aquellos que lo preparan, y de su control sobre su propio corazón. Es por esto que ha habido muchas bajas y todavía habrá en el campo de batalla de este asunto de No Por Ella Misma y morirán neciamente. Y sin embargo, su recompensa es muy grande porque la mente de un ser humano no es capaz de apreciar cuán valioso y precioso es dar placer a su Hacedor. Y aun si esto [dar placer a su Hacedor] es hecho por una persona que no satisface esta condición [Por Ella Misma], no obstante, debido a que no es apta para actuar de otra manera, de todos modos da placer a su Hacedor, aunque [en este caso] esto es llamado "inadvertidamente".

Una verdad profética en un parámetro físico

Dado que esta es la máxima certeza, por lo tanto, la abundancia de la profecía debe ser recibida por medio de aquellas combinaciones de letras que se ajustan exactamente de acuerdo con el espíritu de los principiantes. Significando que su beneficio debería ser obvio para los asuntos personales de su generación. Solamente entonces puede la Palabra del Creador ser aceptada por esa generación, en la forma de No Por Ella Misma, ya que el Creador no los preparó de manera diferente, como se mencionó antes. Por lo tanto, esta es una señal de un Profeta Verdadero, cuya profecía es completamente adecuada para el beneficio del éxito físico de la gente de su generación como está dicho en la Torá: "¿Qué [otra] gran nación hay que tenga leyes y preceptos tan justos como toda esta Torá que Pongo ante ustedes

עשיית נ"ר נחת רוח ליוצרו שלא מדעתו:

לעולם אין לקוות על איזה זמן שיתפתח העולם באופן שיוכלו להתחיל את עבודות השי"ת השם יתברך בה"לשמה" אלא כמאז כן היום וכן תמיד מוכרח כל עובד ה' להתחיל בעסק העבודה שלא לשמה אשר מתוכה יבוא אל הלשמה אמנם תחילת הזה אינו מוגבל בזמן אלא בהמכשירים אותו וכפי שליטתו על לבו של עצמו וע"כ ועל כן רבים חללים נפלו ויפלו על שדה העסק שלא לשמה וימותו בלי חכמה ועכ"ז ועם כל זה שכרם גדול מאד כי אין מחשבתו של אדם מסוגל להעריך אותו היקר והערך של עשיית נ"ר נחת רוח ליוצרו ואפי' ואפילו בעושה שלא על תנאי זה מ'מ מכל מקום מתוך שאינו ראוי באופן אחר עושה ג'כ נ"ר גם כן נחת רוח ליוצרו וזה נק' נקרא אמנם שלא מדעתו.

אמת נבואי במודד גופני:

וכיון שכן הוא ודאי המוחלט ע"כ על כן שפע הנבואי מוכרח להתקבל באותם הצירופי אותיות אשר מותאמים לגמרי לרוח המתחילים כלומר שיהיו תועלתם גלוי לענינים העצמיים של הדור שלו כי רק אז מובטחה דבר ה' להתקבל על הדור בהדרך של שלא לשמה: שהבורא ית' לא הכין אותם באופן אחר כנ'ל וע'כ ועל כן זהו סימן של נביא אמת אשר נבואתו מותאמה ביותר לתועלת ההצלחה הגופניית של בני דורו וכמ'ש וכמו שכתוב בתורה "ומי גוי גדול אשר לו משפטים טובים וישרים וכו' (דברים ד', ח') כי

en este día?" (Deuteronomio 4:8) porque la proximidad del éxito físico confirma su veracidad, ya que finalmente esta fue indudablemente la puerta de entrada, como se mencionó anteriormente.

Los 613 Preceptos del aspecto de los Nombres Santos

Ellos son el asunto de la Providencia personal. Para todo aquel que se acerca a recibir la abundancia Divina. Ellos deben pasar a través de todos estos pasos, ninguno de los cuales puede ser omitido. Por lo tanto, aquellos que son perfeccionados los persiguen con toda su mente y espíritu para cumplirlos completamente todo el camino a sus ramas físicas, de acuerdo con el secreto del versículo: "En todo lugar donde Yo haga que Mi Nombre sea recordado, vendré a ti y te bendeciré" (Éxodo 20:24).

La Sabiduría de la Verdad

Aquellos antes de mí han entrado profundamente en detalles mientras que yo he escogido una senda más general, porque en mi opinión, es más apropiado para la Divinidad ser vestida con combinaciones de letras eternas, las cuales nunca estarán sujetas a cambio. Lo que quiero decir es que su éxito físico tampoco estará sujeto a cambio en cualquier lugar y en cualquier tiempo. Es por esto que mis palabras son limitadas, y por la misma razón, fui forzado también a expresar la espiritualidad de una manera general. Por otra parte, sin embargo, yo escojo explicar, hasta el más pequeño detalle, todos los rasgos y las combinaciones espirituales que no tienen más fuente y origen que esta regla, esto es: la pureza de recibir. Y debido a que estoy hablando de detalles espirituales sin estar revestidos de cualesquiera combinaciones físicas, esto beneficiaría grandemente el desarrollo de la comprensión. Y esta sabiduría es llamada la Sabiduría de la Verdad.

קרבת ההצלחה הגופנית יאשר את אמיתותם כי סוף סוף הוא פתח הכניסה בהחלט כנ"ל.

התרי"ג (613) מצוות בבחי' בבחינת שמות קדושים:

הם ענין השגחה פרטיות לכל המתקרב לקבלת שפע האלקי שמוכרחים לעבור עליו כל הסדרים האלה איש מהם לא נעדר וע"כ ועל כן השלימים נוהרים אחריהם בכל נפשם ומאודם לקיימם עד לענפיהם הגשמיים בסו"ה בסוד הכתוב: "בכל מקום אשר אזכיר את שמי אבוא אליך וברכתיך" (שמות כ', כא').

חכמת האמת:

הקודמים הכניסו א"ע את עצמם לפרטים ואני בחרתי דרך כללי כי לדעתי מותאם יותר לענין אלקי להלבישו בצירופי אותיות נצחיות אשר לא יקבלו שינוי לעולם רצוני לומר שהצלחתם הגופני גכ' גם כן לא יקבל שינוי בשום מקום ובשום זמן ולכן דברי מוגבלים וגם את הרוחניות הוכרחתי משום זה להביע בדרך כלל אמנם תחת זה בחרתי לבאר כל הפרטים והצירופים הרוחניים עד לפרטי פרטיות אשר אין להם מוצא ומקור אחר זולת מפי כלל הזה דהיינו טהרת הקבלה ומתוך שאני מדבר מהפרטים הרוחנים בלי הלבשה בצירופים גשמיים יועיל הדבר הרבה להתפתחות ההשגה וחכמה זו נק' נקראת חכמת האמת.

Errores o mentiras nunca pueden ocurrir en la profecía

¿Cómo puede un error introducirse sigilosamente dentro de la Luz de la Verdad que se origina del Creador? Más bien, [Su Verdad] ciertamente es como la lluvia y la nieve que baja del cielo a la Tierra y no regresan hasta que han cumplido aquello para lo que fueron enviadas. Además, hay un...

Camino largo y camino corto en la profecía

Por supuesto, hay aún distinciones entre los profetas que reciben [mensajes]; uno no es tan excelente como el otro, ya que esta grandeza o pequeñez puede ser vista en el grado de preparación de ese profeta. Así, el [profeta] menor, inevitablemente debido a su falta de preparación excelente, causa que el curso de la Luz que viene a él se desvíe, tanto así, que podría ser posible decir acerca de él que algunos errores se mezclaron, excepto que existe la regla de hierro que la Luz de la profecía no comete ningún error, como se mencionó antes. Pero debido a su pequeñez, él atrae a él mismo un gran número de combinaciones de letras, que son un gran número de canales y Vasijas, hasta que alcanza la profecía.

El éxito profético es [medido por] la velocidad

Aunque finalmente toda la verdad en la profecía es revelada con el éxito deseado, este profeta [menor] ha causado que [la profecía tome] un camino más largo a la gente a la que él fue enviado con su profecía. Esto es a diferencia del [profeta] mayor cuya preparación es más completa, y [quien] por lo tanto no experimenta desviación alguna cuando recibe la profecía del Creador. Por esta razón, él no usa un número mayor de canales y Vasijas. Por lo tanto, su profecía es clara y concisa, y es adoptada fácil y rápidamente por aquellos a los que fue enviado.

לא יארע טעות או שקר בהנבואה:

כי באור האמת הנובע מהשי"ת איך יפול בו טעות אלא ודאי כמו הגשם והשלג היורד משמים אל האדמה ושמה לא ישוב עד שיצליח לאשר שלחתיו אמנם עכ'ז עם כל זה....

יש דרך ארוכה וקצרה בהנבואה:

כי ודאי שיש הבחן עכ"פ על כל פנים בהנביאים המקבלים שאין אחד מעולה כחבירו ממש שגדלות וקטנות הזאת נבחן כפי ההכנה שבאותו הנביא והנה הקטן בהכרח מטעם חוסר ההכנה המעולה מפיל איזה נטיה במהלך האור הנשפע אליו שהיה יתכן לומר עליו אשר נתערב איזה טעות אלמלא החוק הברזל אשר אור הנבואה אינו מקבל טעות כנ"ל אמנם קטנותו הזאת גורם אליו ריבוי בצירופי אותיות שהוא ריבוי צינורות וכלים עד שיבוא לו הנבואה לכדי השגה.

הצלחה הנבואי הוא המהירות:

באופן שאע"פ שאף על פי שסוף סוף מתגלה כל האמת שבהנבואה בהצלחה הרצויה מ"מ מכל מקום גרם הנביא [לנבואה לעבור] דרך ארוכה [יותר] אל האנשים שאליהם נשלח בנבואתו משא'כ מה שאין כן הגדול אשר הכנתו יותר שלימה הרי לא יארע לו שום נטיה בעת קבלת נבואתו מהשי"ת ומחמת זה לא ירבה בצנורות וכלים וע'כ וכל כן נבואתו ברורה וקצרה ומקובלים בנקל ובמהירות לאותם שאליהם נשלח.

Es posible que el [profeta] menor tenga más éxito que el mayor

En adición a lo que ha sido dicho anteriormente, es posible que el menor de los profetas fuera más exitoso con respecto a una rápida [aceptación] de su profecía que un profeta que es el más grande entre los profetas. Esto es porque él [el profeta menor] está apoyado por las revelaciones de profetas que lo han precedido y le han abierto el camino. Por supuesto, mucho depende del desarrollo de aquellos que escuchan Sus palabras [del Creador]. Esto es porque un mensaje más corto y claro requiere una generación más avanzada y más preparada para entenderlo. Y con estas dos adiciones dadas al [profeta] menor, él puede tener ciertamente un éxito más extenso que el mayor.

La velocidad indicaría el número de aquellos que llegarían a la terminación por medio de él

Suponga, por ejemplo, que su profecía es enviada a cien personas: si pasa a través de un largo camino, puede traer a terminación solamente a una persona en una generación, y si es así, entonces la duración de su profecía será de cien años. Si toma una ruta más corta, claramente traerá treinta o cincuenta personas a terminación en una generación, y obviamente su profecía será completada dentro de unos pocos años solamente.

El secreto de la profecía a través de las generaciones

Moshé recibió la Torá y la religión por todas las generaciones, y a ningún profeta le está permitido innovar algo. Pero al mismo tiempo, la habilidad profética le es dada por cierto período de tiempo. Esto está apoyado por lo que está escrito: "Un profeta como yo levantará el Eterno, tu Dios, de entre tu parentela, de tus hermanos, a quien escucharán" (Deuteronomio 18:15). Si la profecía de Moshé había sido suficiente por la eternidad, ¿por qué debía el Creador producir más

אפשר שהקטן יצליח יותר מגדול

ומלבד האמור יתכן שהקטן שבנביאים יצליח בנבואתו כלומר בענין המהירות כנ'ל, יותר מנביא היותר גדול שבהנביאים והוא מטעם שנסמך על הגילויים של הנביאים הקודמים שפינו לו הדרך ומובן שגם תלוי בהתפתחות השומעים את דבריו י"ת כי לדברים קצרים וברורים צריכים לדור יותר מפותח שיהיו מוכשרים להבינו ומכח ב' הוספות האלו אם יספחו להקטן יכול להצליח ודאי באין ערוך יותר מהגדול.

המהירות יורה ריבוי הנשלמים על ידו:

כלומר אם למשל נבואתו נשלח למאה אנשים אז אם עושה דרך ארוכה אינו משלים רק לחד בדרא יחיד בדורו וא'כ ואם כן ימשיך זמן נבואתו מאה שנים ואם עושה דרך קצרה מובן שמשלים שלשים או חמשים בדור וממילא נשלם נבואתו באיזה שנים בלבד.

סוד הנבואה שבדורות:

אע'פ שמרעה"ש אף על פי שמשה רבנו עליו השלום הוא מקבל התורה והדת בשביל כל הדורות עד שאין הנביא רשאי לחדש דבר עכ"ז עם כל זה אין נבואתו ניתן לו אלא לזמן וע"ז ועל זה מעיד הכתוב: נביא כמוני יקים לך ה' אלקיך אליו תשמעון (דברים יח', טו') ואם נבואת משה בלבדו היה מספיק לנצחיות למה לו להשי"ת להקים עוד נביאים כמותו אלא ודאי שאין נבואתו מועילה אלא לזמן מסוים שבכלות הזמן שולח השי"ת נביא אחר להמשיך

profetas como él? Pero ciertamente su profecía es buena solamente por cierto tiempo, y cuando este tiempo pasa, el Creador envía otro profeta para continuar y completar Su Voluntad. Por supuesto, a este profeta no le está permitido traer algunas nuevas ideas o eliminar algo porque eso significaría que el profeta anterior no era perfecto, el Cielo no lo permita. La Palabra del Creador siempre viene en su más elevada y más completa forma, de acuerdo con el secreto del versículo: "Yo soy el primero y Yo soy el último" (Isaías 44:6). Así, el único deber [del último profeta] es continuar [entregar] la misma profecía a las generaciones que no merecen recibir más del primero. Y el último profeta es el secreto del Mesías, lo que significa que él [el Mesías] está completando a todos los otros. Ciertamente, él no está autorizado para agregar o quitar algo. Más bien, su éxito será mayor; es decir: toda la generación estaría preparada para aceptar sus palabras y para llegar a la culminación a través de él. Esto es debido a las dos razones mencionadas antes: ya sea por su grandeza, o por el nivel de preparación de la gente de su generación (como se mencionó anteriormente), o por ambas.

El principio del éxito profético

La extensión de la Luz Exaltada a aquellos que habitan abajo. Y [el profeta] que es capaz de traer [la Luz] al más bajo [nivel] es aquel que es más exitoso. Ahora el asunto de lo alto y lo bajo es valuado por el espíritu y el beneficio físico porque la fisicalidad que es alcanzada a través de la profecía está en la caja de su mano [*Tefilín*] que fue dada para ser agarrada por los seres humanos. Y es sabido que el asunto principal en la Obra es el primer agarre.

Poder general y poder individual

Su unión es el secreto de la unificación del Creador y la *Shejiná* (Presencia Divina). El poder individual es el [poder de] prohibir recibir hasta el mínimo; la fuerza general es aumentar la cantidad de compartir con todo el corazón y el alma de uno.

ולהשלים חפץ השי"ת אמנם ודאי שאינו רשאי לחדש דבר או לגרוע דא'כ הי' בחי' שאם כן היה בחינת חסרון בנביא הקודם ח'ו חס ושלום אלא דבר ה' תמיד בכל השלימות בסו'ה בסוד הכתוב אני ראשון ואני אחרון אלא כל תפקידו הוא להמשיך אותו הנבואה לאותם הדורות שכבר אינם ראוים לקבל מהראשון והנביא האחרון ה'ס הוא סוד משיח כלומר המשלים על כולם אמנם ודאי ג'כ גם כן שאינו רשאי להוסיף או לגרוע אלא שהצלחתו יהי' יותר גדולה דהיינו שכל הדור יוכשר לקבל את דבריו ונשלמים על ידו והוא מב' טעמים הנ'ל או מחמת גדלותו, או מחמת הכשר בני דורו כנ'ל או מחמת שניהם.

עיקר ההצלחה הנבואיי:

הוא להמשיך אור העליון עד לדרי מטה והמורידו ביותר למטה הוא המצליח ביותר וענין מעלה ומטה נבחן ברוח ובטובה גופניות כי הגופניות המושג על ידי הנבואה הוא הבית יד שלה הניתן לאחיזה לבני העולם: ונודע שעיקר נקודת הכובד בהעבודה הוא האחיזה הראשונה.

כח כללי וכח פרטי:

אחודם ה'ס הוא סוד יחוד קוב'ה קודשא בריך הוא ושכינתיה (הקדוש ברוך הוא והשכינה) כח פרטי הוא איסור הקבלה עד למינימום כח כללי הוא ריבוי ההשפעה עד בכל מאודו ונפשו.

Capítulo Dos: Adhesión

Las bases de la Torá y la Adhesión

El deleite y la sabiduría son ciertamente extendidos de Su Esencia, y todo aquel que recibe, en el sentido espiritual, no recibe algo excepto a través de la Adhesión [al Creador]. Y para quien está más adherido y está más cerca, su deleite y su sabiduría son más abundantes. Y quien está completamente separado [del Creador] vivirá necesariamente en la plenitud de la angustia y la estupidez. Verdaderamente, necesitamos entender...

...¿qué significa Adhesión?

Para empezar, [Adhesión significa] conocerse a usted mismo. Le puedo decir que este ["mismo"] es, no más y no menos, que el Deseo de Recibir que usted siente dentro de usted mismo. Y este [Deseo de Recibir] es toda la diferencia entre aquellos que están vivos y aquellos que están muertos; porque cuando uno ha perdido el Deseo de Recibir es llamado muerto, tal como una vasija rota. Verdaderamente, en términos de Su Esencia, el aspecto del Deseo de Recibir es evidente solamente a través del Compartir porque Él no tiene a nadie de quien recibir; sin embargo, a través de Sus acciones, concluimos que Él tiene un deseo de Compartir, para producir y amar entre semejantes.

Cercanía entre cuerpos espirituales

Esto puede usted aprender del [ejemplo del] acercamiento entre los cuerpos físicos: que en el momento de su acercamiento, los sobrantes de uno de ellos entran [y completan] en los faltantes del otro. Esto es [también lo que pasa] entre países y semejantes. En

פרק שני:
דביקות

יסוד התורה והדביקות:

ענין העונג והחכמה נמשך ודאי מעצמותו ית' וכל המקבל בדרך רוחני אינו מקבל רק בדרך הדביקות וכל הדבוק יותר ומקורב יותר יהי' תענוגו וחכמתו יותר בשפע והנפרד לגמרי ישרה בהכרח ברוב צער וטפשות אמנם צריך להבין....

...עניין דביקות מהו?

ומתחילה הכר את אני שלך ואומר לך שאינו לא פחות ולא יותר מדבר הרצון לקבל שאתה מרגיש בך ובזה כל ההפרש מחיים להמתים שבאבדת הרצון לקבל נק' נקרא מת כמו כלי קבלה שנשברה אמנם בעצמותו ית' לא נבחן ענין רצון לקבל זה רק בדרך השפעה כי אין לו ממי שיקבל אולם מתוך פעולותיו אנו יכולין להחליט שיש לו רצון להשפיע להולדה ואהבת רעים.

קירוב גופין רוחניים

ועתה צא ולמד מדביקות גופין גשמים שעודפות של האחד נכנסים בשעת קרבתם זל"ז זה לזה אל הגרעונות של משנהו שהם המדינות וכדומה אמנם ענין הקרבה בגופים רוחניים הוא ענין שיווי צורה כמו שהאהבה הוא השואת הצורה והדעות והשנאה הוא להיפך - ולפיכך בעת אשר תבטל את

efecto, la cercanía entre los cuerpos espirituales es un asunto de Similitud de Forma, así como el amor es una similitud de forma y opiniones, mientras que el odio es lo opuesto. Consecuentemente, en el momento en que usted cancela dentro de usted el Deseo de Recibir, trae su cuerpo espiritual más cerca de Su [del Creador] Esencia porque usted está totalmente en el aspecto de compartir con los demás, lo cual es el [equivalente de] dar placer a su Hacedor. Esta es la intención que usted desea satisfacer para estar preparado para el propósito final de la Creación. Por lo tanto, cuando esta cercanía llega al nivel deseado y está bien medida, entonces usted se encontrará Adhiriéndose a Su esencia. Y de acuerdo con el grado [de Adhesión] Sus excedentes entrarán en los faltantes de usted, significando: al placer y la sabiduría que están grabados en las carencias de usted debido a su inferioridad.

Las carencias son el asunto principal

Aquí no estamos tratando con excedentes, solamente con carencias. Por lo tanto, no es bastante y no es suficiente que usted comparta tanto con otros seres humanos como Él [el Creador] lo hace, porque entonces usted no tendría faltantes para [permitirle a usted] volverse unificado con Él, como en la Adhesión física. Este no sería el caso si usted tan sólo se preparara…

…para compartir con Sus Nombres

La intención crea repetidamente un gran vacío en usted porque no sabe delante de quién está realizando la tarea; y el poder de la búsqueda de usted es el espacio vacío en sus carencias, el cual está abierto para usted. Porque es a través de allí [la abertura] que el asunto del encaje —entre los excedentes [del Creador] y los faltantes de usted en el momento de la Adhesión— ocurre, y entonces se unen y nunca se separarán en toda la eternidad.

הרצון לקבל שבך הרי אתה מקרב את גופך הרוחני לעצמותו ית' כי כולך בבחי' בבחינת השפעה לזולתך אתה נמצא שהוא השפעת נ"ר נחת רוח ליוצרך שאתה רוצה לקיים הכונה כדי שתהיה מוכשר לתכלית הבריאה ולפיכך בהגיע קרבה זאת לשיעור הרצוי ומשוער היטב אז נמצאת דבוק בעצמותו ית' וכפי שיעור זה יכנסו עדפות שלו בגרעונותיך דהיינו העונג והחכמה החרותים בך בגרעונות מסבת שפלותך.

הגרעונות הם עיקר:

וכאן אין לנו עסק בעודפות רק בגרעונות וע'כ ועל כן אינו די ואינו מספיק שתשפיע לבני אדם כמותו ית' כי אז לא תהיה לך גרעונות להלכד עמו כמו בדבקות הגשמי- משא'כ מה שאין כן אם תרגיל רק...

...להשפיע לשמותיו ית' יתברך:

הרי כונה זאת חוזרת וגורע אותך מאוד מחמת כי לא תדע לפני מי אתה עמל וכח הביקוש שבך הוא החלל שבגרעונותיך הנפתח לך שדרך שם נעשה ענין זווג עודפותיו ית' אל הגרעונות ההם בשעת הדביקות ואז יתלכדו ולא יתפרדו לנצח.

La similitud de opiniones es el aspecto de la "realidad de los amantes", y la inyección de los excedentes en los faltantes de las otras personas es la existencia

Necesitamos entender que todo tiene un aspecto de la realidad [de los amantes] y la existencia de la realidad. Y seguramente necesitamos empezar con la realidad que es mencionada como "amarse uno al otro". Pero aunque esta realidad aparece enfrente de nosotros, aún necesitamos nutrirla para asegurar su existencia porque el éxito de esta realidad depende de esta existencia. Y esto es lo que dijimos antes: que uno debe renunciar al aspecto de recibir para sus propias necesidades porque con esto uno da nacimiento a la realidad de los amantes por medio de la Similitud de Forma. [Una vez que esta realidad nace] es necesario mantenerla, y esto puede ser hecho posible por medio de compartir con los demás, ya que todo está siendo puesto en práctica por Él. El sentido común dicta que todo aquel que realiza una acción debe tener placer del éxito de sus acciones, y esto incluye a todas las criaturas. Y así, todos los [reinos] —Inanimado, Vegetal, Animal y Humano— son necesitados juntos. Sin embargo, ciertamente la ley de prioridad y selección se aplica aquí.

Preparación de las carencias para sus excedentes

Aquí estas carencias todavía no existen en el desarrollo [de la persona], y necesitamos crearlas. En verdad, estas [carencias] también se desarrollan por medio de compartir con los demás, lo que significa que si la única intención de usted es Dar Placer a su Creador, entonces se desarrollaría dentro de usted una necesidad de conocer para quién está usted realizando esta tarea; y Él se mantiene creando más y más carencia dentro de usted hasta que esta llega al grado que es deseado y diseñado por Él.

השוואת הדעות הוא בחי' בחינת "מציאות אוהבים" והכ־נסות העודפות בגרעונות חבירו הוא קיומם:

וצריך להבין שכל דבר נבחן במציאות וקיום המציאות שודאי מתחילה צריכים להמציאות שנק' שנקרא אוהבים זל"ז זה לזה. אמנם הגם שנגלה לענינו זה המציאות צריכים עוד ליתן לו מזונות לקיום אשר הצלחת המציאות תלוי בקיום הזה וזה שאמרנו שצריכים להנזר מבחי' מבחינת הקבלה לצרכי עצמו ובזה נולד ובא מציאת האוהבים ע'פ על פי השואת הצורה אמנם לקיום זה המציאות צריכים וזהו יתכן בהשפעה לזולתך היות שהם כולם נפעלים הימנו ית' והשכל מחייב שכל פועל יש לו נר' נחת רוח בהצלחת פעולותיו שהם הבריות כולם וביחד צריך כל הדצח"ם דומם, צומח, חי, מדבר אמנם ודאי דין הקדם ובירירה יש כאן.

הכנת גרעונות לעודפותיו ית' יתברך:

הנה הגרעונות אלו עדיין אינם קימים בהתפתחות שלו וצריכים להמציאם אמנם גם אלה מתפתחים עי' על ידי השפעה לזולת והיינו אם כל כונתך תהי' רק לעשות נר' נחת רוח ליוצרך ואז יתפתח בך הצורך לידע לפני מי אתה עמל והוא הולך וגורע אותך עד לשיעור הנרצה ומשוער לו ית'.

Capítulo Tres:
Espiritualidad global y espiritualidad local

Han pasado doce años desde que empecé a trabajar en un manifiesto que servirá como un fundamento sólido. Y con este propósito, después de "esforzarse y encontrar" se lo leo por este medio a usted.

Lo que me ha traído a esto es mi gran devoción a la idea y porque he asumido por adelantado que esta no es sostenible sin una base en la religión. Y nunca ha habido a lo largo de la historia un mayor empuje de las masas —tales como el nacionalismo o la ley y el orden— sin esta base, por no mencionar el tema de deshacerse de la propiedad privada. Más aún: no tenemos un concepto más elevado o más exaltado, y sin embargo es aceptado solamente por la gente sabia de mente clara y para nada por aquellos de materialismo crudo y por las masas.

En cuanto a ellos, sin la propiedad privada, no encuentran fuerza motivadora alguna para un movimiento corporal voluntario de una manera directa sino solamente de una manera indirecta, significando de una manera con rodeos, que es un método muy débil para tener éxito y está destinado a desvanecerse completamente. Porque a través de coacción, no solo es incompleta su Obra, sino que también necesitamos supervisores y guardias que los vigilen, por lo menos uno para cada cien personas. Y esto aquí es el punto crucial del problema (lit. donde el perro está enterrado) porque la cultura de nuestra generación no está lo suficientemente elevada para que pudiera darnos una entre cien personas que tenga un corazón de sabiduría y conciencia pura. Y luego el garante necesita ser garantizado porque aun el supervisor necesita fuerza motivacional para la Obra de supervisión, [que es] algo que él no tiene.

En general, no tengo nada que ofrecer excepto el Único Precepto cuya recompensa es infinita: la Adhesión Verdadera, que es descrita

פרק שלישי:
רוחניות גלובלית ורוחניות מקומית

זה י"ב שנים שאנכי עוסק בעיבוד דעת שישמש בסיס נאמן ולמטרה זו ואחר שיגעתי ומצאתי הנני להשמיע לפניכם.

ומה שהביאני לזה הוא מתוך מסירתי הגדולה להרעיון ומתוך ששיערתי מראש שאיננו כלל בן קימא לעמוד בלי בסיס דתי ואין לנו שום דחיפה המונית בהסטריא בלי בסיס הזה כמו המשפטים והנאציונאליות ואצ'ל ואין צורך לומר ענין ביטול קנין פרטי והגם שאין לנו מושג יותר נשגב ונעלה הימנו ועם זה אינו מקובל רק על חכמי לב ונקיי הדעת ולא כלל לגסי החומר ולהמונים.

ואצלם בלי קנין פרטי לא נמצא להם שום מאטיוו-פאווער כח מניע לתנועה גופניות רצוניות באורח ישר אלא רק בארח בלתי ישר דהיינו ע"י על ידי עקיפין שהוא עניין חלש להצלחה וסופו להגווע לגמרי כי מלבד שעבודה ע"י על ידי כפיה אינה שלימה הנה עכ'פ על כל פנים צריכים אנו לעומדים על גביהם לשומרים ולמכייפין לכל הפחות אחד על מאה וכאן הכלב קבור כי עדין אין קולטוריזאציע תרבות של דורינו גבוה במדה שיתן חכמי לב ונקיי הדעת אחד אחוז למאה וא"כ ואם כן ערבך ערבא צריך המשגיח צריך שישגיחו עליו כי גם המשגיח צריך למאטיוו-פאווער כח מניע לעבודת ההשגחה וזהו אין לו.

ובכללות אין לי להציע רק מצוה אחת ששכרו אין קץ שהוא דביקות האמיתי שעין לא ראתה אלקים זולתיך והוא המצוה לעבוד ולהשפיע

como "Ningún ojo ha visto un Dios además de Ti" (Isaías 64:3). Y este es el Precepto de la Obra y de compartir con la comunidad, y de añadir beneficio adicional a aquellos en la cima de algún beneficio que ellos ya disfrutan, y la Recompensa será de acuerdo al Esfuerzo. Y exactamente opuesto a esto, solamente hay Un Pecado, que es egoísmo en un sentido más estrecho, significando que cualquier autocomplacencia es una transgresión.

Por lo tanto, cualquiera que disminuye esta transgresión recibe su recompensa como pago de su Hacedor. Esto significa que una persona no debe disfrutar algo en este mundo excepto el grado que él comparte con la comunidad y con el Creador para hacer felices al Creador y a la gente. Y una gota de disfrute que exceda este grado es una transgresión, y este *Néfesh* (Alma Inferior) será completamente separado de la sociedad humana y reencarnaría como un animal salvaje (todo esto a menos que [la persona] expíe el pecado) y sería puesto a trabajar contra su voluntad.

Y por supuesto, estas cosas [referentes al Precepto Único] han de estar en la forma de trabajar por amor al Creador y no a la comunidad. Significando que el Creador nos ha proveído con maneras de darle a Él placer, Él ha preparado una comunidad para cada individuo, y una regla fundamental: que [una persona] debe servir a su comunidad y ser útil a ella. Y el Creador acepta su Obra y este Placer como si este —el mismo grado de beneficio y Placer— fuera enviado directamente a Él por miembros de Su mundo.

Aquí necesitamos ampliar la explicación con respecto a la recompensa y el castigo al nivel que le queda a las masas. Pero el punto principal es la necesidad que tiene el sensato de entender esto porque solamente el entendimiento de los líderes sensatos establece y sostiene las acciones de las masas.

Yo he trabajado en ellos durante doce años hasta que me las he arreglado para editarlos con un sentido más profundo y un

להצבור להוסיף להם תועלת על התועלת - ולפום צערא אגרא לפי הטרחה - השכר ולעומתו יש רק עבירה אחת והוא עגואיזם גם במובן היותר צר דהיינו כל הנאת עצמו הוא עבירה.

וע'כ ועל כן כל מי הממעט בעבירה הזאת נוטל שכרו משלם מבוראו באופן שאסור להנות בעוה"ז בעולם הזה רק בשיעור שיוכל להשפיע להצבור ולהאלוקים שישמח אלקים ואנשים וכל טפה של הנאה העודפת על השעור האמור הוא עבירה וכרת תיכרת הנפש הזה מאומה האנושית ויתגלגל בבהמות השדה (כ"ז כל זה [במקרה] שלא ישוב בתשובה) ויעבודו בו בע"כ בעל כורחו.

וכמובן שהדברים האלו צריכין להיות בצורת עבודת ה' ולא לעבודת צבור אלא באופן שהשי"ת המציא לנו דרך לעשות לו נ"ר נחת רוח וע"כ ועל כן הכין לכל פרט צבור וכלל גדול שישמשם ויועיל להם וה' מקבל את עבודה זו ונ"ר ונחת רוח זה כמו שהגיע ממש אליו ית' אותו שיעור תועלת ונ'ר ונחת רוח מבני עולמו.

וכאן צריכים להרחבת ביאור בשכר ועונש במדה המתאימה להמונים אמנם בעיקר הדבר צריכים להבנת החכמים כי רק הבנת הגדולים מעמדים ומקיימים המעשה אצל ההמונים כנודע.

וי"ב שנים עבדתי עליהם עד שהצלחתי לערוך אותם בטעם ובשכל עמוק יותר מכל התאוליגיה ומיסטיק של כל הקודמים כמו שעינינו תחזנה

razonamiento más profundo que cualquiera de la teología y misticismo de todos aquellos que vinieron antes que yo, como nuestros ojos observarán. Y para declararlo plenamente, ustedes debieran enviarme un grupo de personas inteligentes que estén bien versadas en el sistema de ustedes y dejarlos que examinen y descubran.

Para explicar esto, he preparado dos enfoques: un camino sigue a la teología teórica, como es común hasta el presente en todos los temas; y el segundo camino es de acuerdo con el misticismo, basado en cosas que han sido reconocidas por los sabios de los tiempos antiguos durante los pasados pocos miles de años.

Y aquí, los eventos de nuestro tiempo han pavimentado el camino de modo que es posible publicar esta opinión mía para el mundo. Me refiero a las varias asociaciones por la paz que han proliferado en el mundo en el tiempo presente. A través de este anhelo desesperado de paz, el mundo es capaz de aceptar mi opinión, aunque me temo que puedan tomar esta opinión mía y cubrirla con un paño de egoísmo, en cuyo caso, esto traería una maldición en vez de una bendición. Por lo tanto, no me puedo desviar de mis pensamientos iniciales porque he trabajado y escrito este manifiesto solamente para ustedes. Y ahora es realmente como agua fría salpicada sobre un alma cansada, como puedo ver por el presente estado de ustedes.

Con respecto a los asuntos financieros y a todo lo que pertenece a la propiedad material, es obligatorio no hacer cambios por ningún concepto, porque no hay diferencia entre las personas, los negros y los blancos y los amarillos, entre los inteligentes y los tontos. Todos ellos son iguales, y cada uno está obligado a dar al mundo tanto como ellos y ellas puedan, recibiendo lo que él o ella necesita sin prejuicio o favoritismo. Esta es una ley absoluta.

En cuanto a las propiedades espirituales [e intelectuales] que no dañan a la economía o a la felicidad material —a saber: las ideas y

ולהודיע אתו על בוריו עליכם לשלוח אלי קבוצה של חכמי דעת המותאמים לשיטתכם ויבדקו וימצאו.

ולזה הכינותי ב׳ דרכים דרך א׳ הוא ע׳פ על פי תיאולוגיא העיונית כנוהג עד הנה בכל הדברים ודרך ב׳ הוא ע׳פ על פי מיסטיסיזם המיוסד על דברים מקובלים על חכמים קדמונים זה אלפי שנה.

והנה מאורעות הזמן פינו דרך שאפשר לפרסם דעתי זה לדעת העולם והיינו על אגודות השלום שנתרבו בעולם בעת הזאת וע״י ועל ידי רוב הצפיה לשלום בכליון עינים מסוגלים העולם לקבל דעתי זה עליהם - אמנם ירא אנכי פן ואולי ילבישו על דעתי זה את השמלה של עגואיזם אשר אז תביא קללה תחת ברכה ולפיכך לא אוכל נטות מתחילת מחשבתי אשר לא עבדתי ולא הכינותי דעתי זה רק בשבילכם אשר באמת הוא עתה כמים קרים על נפש עיפה ע׳פ על פי מצבכם העתי.

באופן אשר בעניני הכלכלה וכל קנינים הגשמיים זהו ודאי חיוב מוחלט שלא לשנות בשום פנים שאין שום חילוק בין איש לאיש בין שחור ובין לבן או צהוב, חכמים או כסילים כולם שווים המה כל אחד מחויב ליתן להעולם כמה שיכול ולקבל כמה שצריך בלי שום הפרש יחסים אחרים וזהו חוק מוחלט.

אמנם בקנינים רוחניים שאינם מזיקים להכלכלה ולהאושר הגשמי דהיינו אידיאות דומות ומשפטיות גם הטעם המדיני העתיקא והסטעטיקא כל

legalidades unidas, así como el razonamiento político, la ética y la estética— todas estas deben permanecer nacionales, esto es: locales. Ninguna nación debe ser forzada a renunciar a sus costumbres y preferencias en tanto estas no dañen para nada las leyes simples y habituales de la economía.

En una palabra, el internacionalismo material debe ser mantenido meticulosamente, y junto a este, el nacionalismo espiritual debe ser preservado mientras no impacte [lit. toque] el internacionalismo material.

Mi consejo, por lo tanto, es que dondequiera dentro de sus fronteras, lo secular y lo religioso por igual deben aceptar la religión nacional e internacional, como sugerí. Quien la transgrede o la debilita es condenable como si estuviera dañando a la humanidad. Esta es la religión divina internacional que todo ser humano tiene orden de cumplir. De otra manera, será arrancado del Mundo por Venir y perderá ambos mundos.

De hecho, Dios permite a cada nación conservar sus costumbres religiosas que fueron recibidas por sus grandes sabios; cada país, de acuerdo a sus preferencias y espíritu, ya que indudablemente ellas ayudarán a cualquier país en lo individual a su gusto. Finalmente, [todas las naciones] serán capaces de aceptar completamente la religión internacional que es elevada y por encima de todas, la última palabra profética. Si alguien niega este principio, su religión es dañada y dañina, y merecerá un castigo severo y debe ser despojada de este atributo dañino. No obstante, una persona que acepta nuestro principio encontrará que su trabajo espiritual individual se vuelve aceptable porque es necesario que sea reconocido para finalmente ayudar a la religión internacional.

En una palabra, la religión individual debe ser construida de tal manera que sea solamente una herramienta para alcanzar la religión internacional. Si llega a saberse que algunos países están dañando

אלו צריכים להשאר נאציונאליזם כלומר מקומיים ואין לכפות שום אומה או מקום לעבור על מנהגיה וטעמיה באותו השיעור שאינו מזיק כלום לחוקי הכלכלה הישרה המקובלת.

במלה אחת אינטרנאציונליזם גשמי צריך להשמר בכל הדקדוקים ויחד עמה צריך להשמר נאציונאליזם רוחני באותו השיעור שאינו נוגע כלל את האינטרנאציונליזם הגשמי.

ולפיכך עצתי אשר כל המקומות שבגבולכם כחפשי כדתי מחויבים לקבל את דת המדינה ודת העולמי האינטרנאציונאלי כהצעתי וכל העובר או מחלישה ענוש יענש כמו מזיק לאנושות והוא דת האלקים הבין לאומי שכל בן אדם מצווה עליה שמשום זה יעקר גם מעולם הבא ונמצא אובד ב׳ עולמות.

אמנם אלקים מניח לכל אומה לאחוז במינהגיה הדתיים המקובלים אליהם מפי גדוליהם כל מדינה לפי טעמה ורוחה מישום שבלי ספק יעזרו לכל מדינה פרטית בהיותה לטעמיה עד שיוכלו לקבל בשלימות הדת הבין לאומי הגבוה ונעלה על כולנה כי היא מלה האחרונה הנבואי וע״כ ועל כן הכופר בעיקר הזה נמצא גם דתו מקולקל ומזיק וראוי לענשו קשה ולמונעו מדתו המזיקה אמנם המודה בעיקר שלנו כבר גם עבודת דתו הפרטי נתכשרה להיותה מוכרח להאמת אותה שתעזרה סוף סוף לדת הבין לאומי.

במלה אחת הדת הפרטי מוכרח להתקן בצורה כזו עד שתהיה רק בבח׳ בבחינת מכשיר להגיע להדת הכללי ואם יודע הדבר שאיזה מדינה חזרו

otra vez lo que han corregido antes y la religión [individual] se volvió la meta más importante y final, serían castigados y su religión sería completamente prohibida por la ley.

No pregunte cuál sería el beneficio si empezamos a reducir las religiones y es restaurada la guerra. Verdaderamente, Dios puede cambiar cualquier religión; y con un proyecto cuidadosamente planeado, esta fe internacional puede ser traída en medio de las masas cuando Dios anule todas las adiciones que la clase media añadió a la religión para su propio beneficio. Él reveló esto a Sus profetas para atenuar la tarea y el esfuerzo que la clase media engañosamente ideó para su propia ventaja.

Seguramente habría algunos de mente clara entre ustedes que dirían: "Ya nos las arreglamos para arrancar una gran cantidad de las masas. ¿Debemos ser mensajeros ahora para regresar la ignorancia a su lugar?". Tengan cuidado de ser extremos. No hagan rápidamente rica a la gente pobre en lo material y en el conocimiento. Primero, debemos arreglar la economía internacional, usando todas las herramientas en nuestras manos ya que el fin justifica los medios, especialmente un objetivo sagrado difícil de alcanzar como este. Después de que arreglemos la economía en todo el mundo, podemos tomar nuestro tiempo para arrancar las opiniones individualistas del mundo. Primero, necesitamos crear cuerpos sanos; luego podemos empezar a ocuparnos de almas buenas para estos cuerpos.

Es una ley de la naturaleza que la voluntad de uno no sea quebrantada a causa de la voluntad de alguien más, sino solamente por nuestra propia voluntad. Aun cuando una persona débil rinde su voluntad a alguien más agresivo que él, lo hace debido a su propio deseo de protegerse del dolor etc.

Es una ley psicológica que no hay voluntad que pueda ser quebrantada mientras sea la única voluntad trabajando y dominando. Cuandoquiera que la voluntad de alguien es quebrantada en donde

וקלקלו התיקונים של הכשרה ועשו דתם לעיקר ולגמר דבר אז ענוש יענשו ויאסרו את דתם לגמרי ע'פ על פי חוק.

ואין להקשות א'כ אם כן מהו הרווח אם נבא בקיצוצים על הדתות חזרה המלחמה למקומה אמנם לאלקים מותר לשנות כל דת ובדרך תכנית משוער היטב אפשר להביא את האמונה זו הבין לאומי בתוך ההמונים אשר האלקים ביטל כל התוספות שהוסיפו הבורגנות בתוך הדתות לטובתם וגילה זה לנביאיו למען הקל את היגיעה והעול אשר הבורגנים בדו מלבם לטובתם ברמאות.

ובטח יהיו נקיי דעת ביניכם לומר אם כבר הספקנו לעקור שיעור גדול מהמונים, נהיה עתה שליחים להחזיר הבערות למקומו אמנם הזהרו ממותרות אין לכם להעשיר את העני בכלכלה ודעת בפעם אחת מתחילה יש לנו לסדר הכלכלה הבין לאומי בכל האמצעים שבידינו כי המטרה מכשירה את האמצעים ובפרט מטרה קדושה וכבדה למעשה כזאת ואחר שנסדר את הכלכלה בכל העולם אז ניקח זמן לעקור דעות עקומות מהעולם מתחילה יש לנו לברא גופים בריאים ואח'ז ואחרי זה נתחיל לדאוג בעד נשמות טובות להגופים ההם.

חוק טבעי הוא שאין רצון נשבר מכח רצון זולתו אלא רק מפני רצון של עצמו ואפי' ואפילו החלש המבטל רצונו מפני התקיף ממנו הוא מחמת רצונו עצמו המגין על עצמו מכאב וכדומה.

וחוק פסיכולוגי הוא שאין שום רצון נשבר בהיותו עומד ושולט לבדו וכל הרצונות שנשברו בעולם לא נשברו רק משום שבעליהם צירפו לו עוד רצון

sea en el mundo, sucede solamente porque su propietario ha adherido otra voluntad a esta, y cuando las dos voluntades está paradas en el mismo lugar, es inevitable que se desgastarán y erosionarán una a la otra, y al hacerlo, su forma es borrosa y su fuerza está perdida

Estoy mencionando esto porque encuentro que ustedes no están enfocando su trabajo en manifestar su objetivo. Por el contrario, ustedes se mantienen añadiendo varias [otras] cosas que desean, sin tomar nota de si esto drena su energía o añade confrontaciones y resistencia. Este es el mal más grande y la historia nunca les perdonará por este crimen y maldad. De modo que ¿por qué, en estos tiempos difíciles, luchan ustedes por algo que no es directamente necesario para sus metas? Esto no es otra cosa que necedad y falta de atención a su papel.

Por lo tanto, si usted está combatiendo a la religión y el nacionalismo porque ellos obstruyen directamente su objetivo, esto es razonable y aceptable. Sin embargo, si usted está combatiendo a la religión y al nacionalismo cuando ellos no dañan directamente a su objetivo, eso es un crimen y una estrechez de miras malvada. Es como un hombre pobre que difícilmente gana suficiente dinero para pan y agua, pero malgasta todas sus ganancias comprando vino y licores, y al hacerlo, se desvanece y muere.

¿No es suficiente para usted, en su difícil guerra —que es su enfoque principal y es enteramente contra la naturaleza del hombre— cuando es usted parte de las masas, trabajar y esforzarse sin motivación alguna? ¿Y no es bastante esta guerra como para que le añada combustible a la flama luchando también al mismo tiempo contra la religión y el nacionalismo? ¿Hay una mayor necedad en el mundo que esta? Lo importante es que usted perecerá muy rápidamente, y por lo tanto, usted está caminando hacia atrás y su trabajo está portando maldición.

וכששני רצונות עומדים במדור אחד אז לא ימלט שלא ישחקו זה לזה ובזה נטשטשה צורתם ואובדים את כוחן.

והזכרתי זה בשביל שאני מוצא שאינכם מצמצמים את עבודתכם על מטרתכם בלבד להשליטה רק תוסיפו עליה עוד דברים הרצויים לכם מבלי להשגיח כלל אם שואבים את האנערגיע או גם מוסיפים מלחמות והתנגדות כי זהו הרעה היותר גדולה ולעולם לא ימחול לכם ההסטוריא על פשע וזדון הזה כי מה לכם עתה בעת קשה כזאת להלחם באיזה דבר שאיננו מהמחוייב בארח ישר למטרתכם אין זה אלא קלות הדעת ומיעוט תשומת לב לתפקידכם.

לכן אם אתם לוחמים על הדת והנאציונליזם בשביל שהוא מזיק בארח ישר למטרתכם הוא סבור ומקובל אולם אם אתם לוחמים על הדת והנאציונליזם בשעה שאינו מזיק למטרתכם הרי זה פשע וזדון לב בדומה לעני שמרויח על לחם צר ומים לחץ בדוחק והוא משחית רוחיו על יינות ומשקאות וע׳כ [ועל כן הולך ונאבד ונגווע.

כי המצער לכם מלחמתכם הקשה שהוא לעיקר הגדול שלכם הנמצא כולו כנגד טבעו של אדם בהיותכם מצוים להמונים לעבוד ולהתייגע בלי שום מאטיוו פאוור ומעט לכם מלחמה זו, אתם מוסיפים אש על המדורה להלחם באותו העת גם עם הדת ועם הנאציונליזם היש בעולם קלות הדעת יותר מזה והעיקר הוא כי אבוד תאבודו מהרה וע׳כ ועל כן אתם הולכים אחורנית והקללה מצוייה בעבדתכם.

La verdad es que hasta ahora usted no tenía otra elección porque estos dos caminos presentan la más terrible oposición a su método, de acuerdo con la naturaleza que ha recibido de la clase media burguesa.

Pero de la manera que yo he presentado mi método delante de usted, la religión no solamente no se opone y lo daña, sino que es el más efectivo asistente, y es también el único instrumento que asegura el éxito de su objetivo de la manera más alentadora.

En cuanto al nacionalismo, mi opinión es que es mejor si fuera corregido. Se le debería dar un carácter propio —uno que sea aceptado por las masas— antes que ser combatido y arrancado por completo.

Ciertamente lo más que puedo hacer es presentarle a usted un mecanismo exitoso para alcanzar la meta; pero el trabajo y la molestia mismos están todos sobre usted para encontrar un plan apropiado y para proveerlo de piernas veloces y leales para esparcir la palabra rápidamente. Si esto le es aceptable, hágamelo saber o envíeme gente apropiada. Entonces podemos elaborar un plan exitoso para asegurar una expansión rápida.

הן אמת אשר עד עתה לא הי׳ להם לכם עצה אחרת בהיות שני הדרכים האלו מתנגדים היותר נוראים לשיטתכם ע׳פ על פי האופי שלהם שקבלו מאת הבורגנים.

אולם כפי אשר ערכתי לכם את שיטתי הנה הדת לא מלבד שאינו מתנגד ומזיק לכם רק הוא המסייע היותר מוצלח והוא לבד המכשיר הבטוח להצלחת מטרתכם במדה היותר נעלה.

ובדבר הנאציונליזם דעתי היא שצריך ומוטב לתקנו וליתן לו אופי מותאם שיקובל על לב המונים בטרם לעקרו לגמרי ולהלחם עמו.

אמנם כמובן שלכל היותר אין ביכלתי יותר רק מלהמציא לכם המכונה המוצלחה למטרתה אמנם הטרחה והעבודה עצמה מוטל כולה עליכם להמציא תכנית מותאמה וליתן לה רגלים זריזים ונאמנים להתפשטות המהירה ואם דבר זה מקובל עליכם הרי לכם להודיעני או לשלוח אלי אנשים המתאימים ואז נעבד תכנית מוצלחה באופן התפשטותה המהירה.

Capítulo Cuatro: El camino exitoso

Consejo sobre cómo progresar

No hay nada que podamos captar intelectualmente hoy que no haya sido explicado por las generaciones antes que nosotros, porque la herencia en los asuntos intelectuales es similar a las posesiones materiales. No poseemos nada material aparte de lo que nos ha sido dejado por nuestros antepasados de generación en generación. Solamente de acuerdo con el grado de la herencia somos capaces de agregar algún porcentaje fijo conocido. Exactamente de la misma manera, las posesiones intelectuales que nuestros antepasados acumularon a través de las generaciones, aun sino fueron publicadas en libros, no están perdidas sino que están disponibles universalmente en la atmósfera del mundo.

De modo que cualquiera que comienza a ocuparse de estas cuestiones intelectuales atrae inmediatamente todas las preguntas y las respuestas que las generaciones anteriores han descubierto pertinentes a ese tema. De aquí que se vuelve mucho más fácil para él investigar acerca del asunto y entenderlo. Por lo tanto, cuando nos ocupamos con un asunto que nuestros padres no investigaron a fondo, no somos capaces de entenderlo suficientemente y aclararlo por completo. Podemos solamente agregarle algo según vamos tentando en la oscuridad, y la materia permanece en este estado por generaciones después de nosotros hasta que el Creador la añada a una masa crítica apropiada y la última generación la complete.

Heredar asuntos intelectuales

Por lo tanto, usted puede ver que, por ejemplo, en psicología, no tenemos éxito como en otras ramas del conocimiento, mientras

פרק רביעי:
דרך המוצלח

עצה להתקדמות:

אין תפיסא לנו בהשכליים אשר עדיין לא נתבררו בדורות שלפנינו כי הירושה בשכלים דומה לירושה בקנינים הגשמים וכמו שאין לנו בגשמיות רק מה שהשאירו לנו אבותינו מדור דור שלפי שיעור הירושה אנו מסוגלים להוסיף אחוזים ידועים קבועים עד'ז על דרך זה ממש גם קנינים השכליים אשר רכשו אבותינו מדור דור אע'פ אף על פי שלא נדפסו בספרים מ'מ מכל מקום אינם נאבדים רק נשארים צרורים באויר העולם.

באופן שכל מי שמתחיל למשמש באותם המושכלות תיכף נמשכים אליו כל השאלות ותשובות שדורות שלפניו גילו באותו המושכל וע'כ ועל כן בנקל לו מאד לעמוד על המושכל ולבררו לכן אם אנו עוסקים באיזה מושכל אשר אבותינו לא עסקו בו כל צרכו אין גם אנו יכולים לעמוד עליו ולבררו לגמרי אלא להוסיף איזה שיעור בעלטה ונשאר העיניין לדורות אחרינו עד שיצרפו השי"ת לשיעור הגון ודור האחרון ישלים אותו.

ירושת המושכלות:

ולפיכך תראה אשר למשל בפסיכו-לוגיא אין אנו מצליחים כמו בשאר חכמות והיפוכו בחכמת החשבון אנו מצליחים יותר מבשאר החכמות אין

que por el otro lado, en matemáticas, tenemos más éxito que en cualquier otro campo. Esto no es porque uno es difícil y el otro es fácil, sino más bien a causa de aquello que hemos heredado. Nuestros padres se ocuparon extensamente de las matemáticas y nos dejaron una gran herencia, en tanto que los psicólogos no nos han dejado algo importante, y por lo tanto es difícil para nosotros investigar y encontrar; solamente podemos llevar las cosas adelante y dejarlas para las generaciones futuras.

Por qué no hay progreso en la Divinidad

De esta [discusión] emerge una pregunta importante. Encontramos que en cuanto a la sabiduría Divina, nuestros padres se ocuparon de esto más que de otro campo del conocimiento. Así que ¿cómo es posible que seamos todavía más pobres en este conocimiento que en cualquier otro conocimiento en el mundo?

Uno no puede separar la mente y el cuerpo. Uno debe saber que es una regla en todo [aspecto del] conocimiento que no nos puede ser revelado en toda su pureza a menos que nos haga algún bien. Si nos daña, entonces podemos estar seguros de que el conocimiento se volverá completamente vago. Y aun si alguien lo empuja y lo mete a la fuerza en nuestros cerebros, no permanecerá allí mucho tiempo; lo esparciremos lejos y olvidaremos todo acerca de esto.

Borrar de la mente la verdad

Es sabido que no hay una persona justa en este mundo que nunca haya pecado. Por lo tanto, cuando venimos a dedicarnos a las lecciones Divinas, somos inmediatamente llenados con el temor al castigo, si esto es confirmado como verdadero. Esto significa que el conocimiento se vuelve una fuente de angustia para ellos, y en este caso, el conocimiento debe, como un imperativo, inmediatamente borrarse. O aun cuando es explicado a él por otro, luego ha de ser olvidado totalmente. Este "recién nacido" no puede seguir

זאת מטעם קל וקשה אלא מטעם הירושה כי אבותינו עסקו הרבה בחשבון והשאירו לנו ירושה גדולה והפסיכולוגיא לא השאירו לנו דבר חשוב וע'כ ועל כן קשה לנו לברר רק להמשיך דברים ולהשאירם לדורות אחרינו.

למה אין התקדמות באלקיות:

ומזה יצא לנו שאלה גדולה הלא אנו מוצאים אשר בחכמת אלקיות עסקו בהם אבותינו במדה מרובה על כל שאר החכמות וא'כ על מה אנו דלים בחכמה הזאת עוד יותר מכל המושכלות שבעול.

אין להפריד שכל מהגוף אמנם תדע שחוק הוא בכל מושכ' מושכלות שלא יוכל להתגלות לנו בטהרו אם הוא אינו מסבב לנו שום טובה ואם מסבב לנו עוד רעה הרי יכולים אנו להיות בטוחים שהמושכל יתטשטש לגמרי ואפילו אם אחד ידחוק אותו בהכרח וכפיה לתוך מוחותינו לא ישהא שמה זמן מרובה אלא נפריחנו ונשכיחהו.

טשטוש שכל האמת:

ונודע שאין צדיק בארץ אשר לא יחטא וע'כ ועל כן כשבאים לעסוק במושכלות אלקיות תיכף יפול עליהם פחד העונשים אם יתאמת להם ונמצא המושכל גורם להם צער אשר במצב כזה מוכרח תיכף המושכל להטשטש או אפי' אפילו בהתברר לו עי' על ידי אחר מוכרח תיכף להיות

viviendo porque el cuerpo no tiene satisfacción de este y no desearía sostenerlo y permitirle existir.

La negación

Y por lo tanto, encontramos una gran negación de la existencia de la Providencia aunque esta definitivamente se lleva a la práctica dentro de la realidad y la existencia de [los cuatro reinos]: el Inanimado, el Vegetal, el Animal y el Hablante [humano]. [Aquellos que niegan] desarrollan en su imaginación un Supervisor ciego, a quien llaman Naturaleza, lo cual ni el sentido común puede aceptar, dado que no puede haber una teoría más borrosa que esta. Sin embargo muchos, casi todos, creen en esto. Y todo esto es porque el conocimiento, si verdaderamente se confirma como válido, sería la fuente de gran aflicción para ellos debido a su gran pecado e iniquidad.

Y por lo tanto, cualquier sabio, que esté ansioso de la Palabra del Creador, está obligado a eliminar completamente de su mente el tema de la recompensa y el castigo futuros porque finalmente esto es incomprensible y está más allá del alcance de la mente humana. Ciertamente [la recompensa y el castigo] no se trata de venganza y guardar resentimientos, sino que trata más de como lavar la suciedad que el alma se ha echado encima. Siendo este el caso, ¿por qué lo llamaría uno castigo? Por el contrario, ¡sería deseable pensar que el Misericordioso enviara Su más grande ira y lo redimiera! Verdaderamente, toda persona encuentra esto difícil de aceptar con su sentido común mientras no siente el deleite Divino; él piensa: "Mejor sería no sentir Sus alegrías ni Su ira (lit. ni la miel ni el aguijón)". Esta forma de pensar se considera una gran desgracia.

Hay también castigos que se extienden de los pecados a través de causa y efecto. Aun estos no deben causar temor alguno debido al razonamiento mencionado anteriormente, porque cuando nos acercamos al estudio Divino, ya nos hemos despojado de nuestras iniquidades y hemos recibido nuestro castigo. Si no fuera así, no

שכוח מעקרו ואין הולד הזה בן קיימא כי הגוף אין לו נחת ממנו ולא ירצה לפרנסו ולקיימו.

ההכחשה:

ולפיכך אנו מוצאים כפירה גדולה במציאות השגחה וע'פ ועל פי שנוהגת בהכרח במציאות והתקימות הדצח'ם דומם, צומח, חי, מדבר ומדמים לעצמם משגיח עור טבע יכנהו הגם שאין הדעת סובלו שאין לך סברא מטושטשת יותר מזה עכ'ז עם כל זה יחזיקו בה רבים וכמעט כולם וכל זה הוא מפני שהמושכל אם יתאמת להם יסבב להם צער גדול מחמת חטאם ועוונם.

ולפיכך כל משכיל וחרד על דבר ה' מחוייב להעתיק לגמרי משכלו ענין השו'ע השכר ועונש העתידי כי סוף סוף אינו מובן ונתפס כלל לשכל האנושי שהרי בלי ספק אינם נקימות ונטורות אלא בח'י בחינת כבוס מהזוהמה שלקחה עליה הנשמה ואם כן איך יכונה זה לעונש אדרבא כל כי האי רתחא ירתח רחמנא עלן ויגאלנו שֶירתח ויכעס הקב"ה עלינו כל כמה שֶיכעס - ובלבד שיגאלנו אכן אין אדם יכול לקבל את זה בשכלו הפשוט בשעה שאינו מרגיש את נועם אלוקי הוא חושב לא מדובשו ולא מעוקצו ולפיכך לרעה גדולה יחשב אלה בתפיסתו.

גם שיש עונשים נמשכים מחטאים בדרך קודם ונמשך וגם מאלה אין לפחוד מטעם הנ"ל כי בו בשעה שאנו מתקרבים להעיון האלקי כבר נפטרנו מעוונותינו וקבלנו עונשינו דאי לאו הכי שאם לא כן לא היינו מוכנים כלל לעיון הקדוש הזה וממ'נ ממה נפשך אם מתאמת לו הרי הוא דבוק בו

estaríamos del todo listos para este aprendizaje Santo; y en todo caso, si [tal aprendizaje] se vuelve verdad para [una persona], entonces él [ya] está Adherido al Creador, y ciertamente será bendecido y ya ha recibido su castigo. Y si esto no se vuelve verdad, entonces él no está en estado de Adhesión y no tiene razón para temer al castigo.

El trabajo

Para merecer la verdad, el Trabajo ciertamente es necesitado, porque el pequeño tiene acciones pero no pensamientos. Más bien, su pensamiento se deriva de sus acciones, y si no está temeroso del castigo, podría empezar a trabajar espiritualmente con el Precepto Único, el cual es: Amar al Creador y amar a Sus seres creados como está mencionado en el artículo *Ama a tu prójimo como a ti mismo* [en el libro *Sabiduría de la Verdad*]. Y si uno está haciendo un montón de Trabajo, debe estar feliz porque acercó el momento de su redención. Y si hace poco [Trabajo], debe esperar la ayuda del Creador u orar. Pero, uno no puede saber y no debe preguntarse acerca del pasado, porque amar a los otros seres creados es algo que toda la humanidad acepta.

Noventa y nueve por ciento es amar a los demás

Usted debe saber que no hay nada que empañe más la mente de uno que preguntarse acerca de las *Rishonot* (palabras de los primeros sabios) —porque esto crea inmediatamente para uno un muro firme de modo que no permita al pensamiento verdadero meter siquiera una mínima verdad en su corazón— para que su mente no lo engañe para tomar sobre sí más molestia. Por lo tanto, si él está Obrando solamente en el modo del aspecto de Ama a tu Prójimo, esto es, realmente en el noventa y nueve por ciento —con la única condición siendo que por hacerlo merecerá la purificación de su cuerpo y Adherirse al Creador— entonces él no se preguntará, no importa qué, acerca de las *Rishonot* (palabras de los primeros sabios) porque ese [tipo de] Trabajo ya está aceptado por toda la

יתʼ ובודאי הוא ברוך וקיבל מכבר עונשו ואם משלם אינו מתאמת לו הלא אינו דבוק ולמה יפחד מעונש.

העבודה:

וכדי לזכות לאמת צריכים ודאי עבודה כי הקטן יש לו מעשה ואין לו מחשבה אלא מחשבתו נמשכת מתוך מעשיו - ואם אינו מפחד מעונשים יוכל להתחיל בעבודה במצווה אחת שהיא אהבתו יתʼ יתברך ואהבת בריותיו כמ״ש כמו שכתוב בקונטרס ואהבת לרעך כמוך ואם מרבה בעבודה ישמח כי קירב גאולתו ואם ממעט יקווה להʼ או יתפלל אלא אומנם אין לדעת משום זה ואין לתהות על ראשונות כי אהבת הבריות דבר מקובל לכל אדם.

צ״ט 99 אחוזים בא״ז באהבת זולתו:

ודע שאין לך מטשטש שכלו ביותר מן האדם התוהא על ראשונות - כי תיכף עושה לו חומה בצורה שלא לעזוב שכל אמת ואפי ואפילו ספק אמת לתוך לבו - כדי שלא יטעהו שכלו להוסיף בטרחות ולפיכך אם הוא עובד רק בבחʼ בבחינת אהבת זולתו דהיינו בתשעים ותשעה אחוז ממש רק בתנאי שמתוך כך יזכה לצירוף הגוף ולדביקות השי״ת אז לא יהיה עכ״פ על כל פנים תוהא על ראשונות כי העבודה הזאת מקובלת בלאו הכי על

humanidad. Y debido al objetivo final, no hay molestia adicional y no es posible lamentarlo.

La necesidad de un Rav (maestro espiritual)

Con todo esto, ciertamente uno necesitaría un Rav verdaderamente docto porque no es posible aceptar de todo corazón cosas de los sabios muertos sino solamente de los vivos. Esto es naturalmente así, y cuánto más en tan importante asunto como este. Y todo lo que ha sido dicho antes está basado en el punto discutido anteriormente, a saber: que el asunto principal es la purificación del cuerpo para que éste sea capaz de compartir. Y con esto, amar al prójimo de uno es más útil que el trabajo entre la humanidad y el Creador (ver el artículo: "Entrega de la Torá en el Monte Sinaí" y "Responsabilidad Mutua" en el libro *Sabiduría de la Verdad*). Pero él necesita trabajar mucho y también tener determinación y una fuerte aceptación de no hacer nada para él mismo. Y de esta manera, él merecerá la fe completa y también será capaz de cumplir la Torá y los Preceptos sinceramente y con un corazón gozoso. Y la negligencia, durante el período de su entrenamiento, no lo dañaría en absoluto. Y esto es a lo que se refiere el dicho: "De estudiar la Tora No Por Ella Misma, brota el estudio Por Ella misma". Y también está escrito: "La caridad salva de la muerte" (Proverbios 10:2). Y también lo que Hilel el Anciano dijo: "Ama a tu prójimo como a ti mismo".

כל אדם ומטעם המטרה הסופית אין בזה שום טרחה נוספת ולא יתכן להתחרט עליו.

הצורך לרב:

ועם כל אלה ודאי לרב משכיל אמיתי הוא צריך כי אי אפשר לקבל דברים על הלב מחכמים המתים זולת מהחיים דוקא כי כן הוא הטבע ואצ'ל ואין צורך לומר בעינין חמור כזה. וכל הנ'ל נסמך על עניין המדובר שהעיקר הוא צירוף הגוף שיהא מסוגל להשפיע ובזה אהבת זולתו יותר מועיל מהעבודות שבין אדם למקום (עיין קונטרס מתן תורה וערבות) אלא לריבוי עבודה הוא צריך ולהחלטה והסכמה חזקה שלא יעשה כלום לצורך עצמו שבדרך זה יזכה לאמונה שלימה ולקיום תורה ומצוות בלב שלם ושמח ולא יזיק לו כלום ההזנחה בעת הכשרתו ועל כגון זה אמרו מתוך שלא לשמה יבוא לשמה וכן צדקה תציל מוות וכן מאמר הלל הנשיא ואהבת לרעך כמוך.

Capítulo Cinco:
El altruismo que depende del egoísmo excesivo

La existencia de varias formas espirituales

No debemos dejar sin efecto cualquier forma de espiritualidad de entre aquellos que se han ganado un derecho a existir en algún rincón del globo. Aun si se oponen a formas más importantes, no deben ser anulados y erradicados (lit. asesinados). Sin embargo, deben ser puestos límites entre ellos, con más dado a las formas más importantes y menos a las formas menos importantes. Esta división debe ocurrir en todos y cada uno de los países, pero esto no debe ser hecho en comunidades más pequeñas porque entonces el método sería dañado. Aquí está la regla: Si entendemos la prohibición de asesinar, aun si las personas son de la clase más baja y las menos inteligentes, entonces, es innecesario decir cuán mucho más severa es esta en el caso de formas e ideas espirituales, ya sean buenas o corruptas, que se han aferrado en algún lugar en el mundo, porque todo tiene su propio espacio.

Dejar las fronteras

Esta es otra razón para dejar las fronteras entre los países como están porque cada país tiene sus propias ideas y herencia ancestral, algunas importantes y algunas menos importantes, y la prohibición del asesinato se aplica a todas ellas.

La idolatría no puede ser derogada a menos que lo sea por sus practicantes

Ciertamente, no es nuestro deber forzar a las personas que apoyan una cierta idea de bajo nivel si han empezado a usarla. Por el contrario, cuando una idea está siendo descartada por sus creyentes,

פרק חמישי:
אלטרואזים התלוי בעגאיזם באגואיזם המופרז

קיום כל מיני צורות רוחניות:

אסור לנו לבטל שום צורה מצורת הרוחניות אשר רכשה לה באיזה פינה בעולם זכות קיום ואע"פ ואף על פי שהמה מתנגדים לצורות יותר חשובות עכ"ז עם כל זה אסור לבטלה ולרצחה נפש אמנם יש להטיל גבולים ביניהם אשר הריבוי ינתן לצורות היותר חשובות והמיעוט לצורות הפחותות וחלוקה זו צריכה להיות בכל מדינה ומדינה ואסור להרשות זה לקיבוצים קטנים פן יקלקלו את השיטה - וזה הכלל אם מובן לנו איסור רציחה בגופים ואפילו בפחותי עם ושוטים אצ'ל אין צורך לומר שחמורה היא בצורות רוחניות ואידיאות שקנו להם מקום בעולם אם טובים אם קלים - כי אין לך דבר שאין לו מקום.

השארת תחומין:

וזהו טעם נוסף להשארת תחומין בין האומות שכל אומה יש לה אידאות ומורשת אבות משלה הן חשובין והן פחותין ואיסור רציחה שוה בכלם.

אין ע"ז (עבודה זרה) נבטלת אלא בעובדיה:

אמנם ודאי שאין לנו חוב לכוף אנשים שיהיו נושאים לאיזו אידיאה פחותה אם התחילו לשמש עמה כי אדרבה כל אידיאה אשר עובדיה משליכים אותה סימן הוא שכבר אבדה כל תועלתה - כי לכל אידיאה צריכין זמן

esto indica que esta [la idea] ya no trae beneficio alguno, porque cada idea necesita tiempo para el desarrollo y crecimiento hasta que uno puede captar si la idea es buena o si es mala. Y esta es la vitalidad completa de las ideas menores con las que tenemos que tratar. Esto es: tenemos que ver su inferioridad porque entender el mal tiene tanto valor en el proceso de obtener sabiduría como entender el bien.

"En la medida que disfrutes, en esa medida te estás alejando de Mi mundo; y en la medida que hagas disfrutar a los demás, en esa medida Me estás causando deleite y Yo estaré orgulloso de ti. Y en la medida en que Yo esté orgulloso de ti, te concederé gloria y sabiduría y placer y deleite, con generosidad total. Y si disfrutas, causarás carencia en Mi mundo, y entonces Mi ira se encenderá contra ti, y esta carencia será tu responsabilidad. ¡Ay de aquellos que están festejando en Mi huerto! Cada uno escarbando con un azadón, como un minero en su mina, esconde luego la abundancia en su bolsa y huye".

Egoísmo de la familia y egoísmo del individuo

El egoísmo excesivo le fue dado a la gente solamente para desarrollar amor. Es como si alguien desea plantar un árbol frutal. Para hacerlo, primero tiene que encontrar la semilla que pertenece a ese árbol, y después, a través de trabajo y desarrollo, finalmente merecerá ver su fruto. Y así con el cultivo del amor: ha de empezar usted con un núcleo que sea capaz de dar origen [al amor]. Y le diré esto: [este núcleo] es el egoísmo del individuo, con todas sus desventajas, aposentado como lo está, en los celos, la lujuria y el orgullo. Luego, a través de la vida en familia, el egoísmo estrecho se desarrolla y extiende para incluir a toda la familia porque la persona ama a su cónyuge como a sí mismo y a sus hijos como a sí mismo. Y así el egoísmo estrecho es extendido en un territorio más amplio, y esto es lo que ha sido preparado por el **primer nivel** de la naturaleza, a saber: el instinto animal dentro de todos nosotros. Y después, una

פיתוח וגידול עד שמרגישים אם טובה היא אם רעה היא וזהו כל החיות שבאידיאות הפחותות אשר יש לנו בטיפולם דהיינו לראות את פחיתותם כי הבנת הרע היא חשובה בערכי החכמה כמו הבנת הטוב.

כמה שאתה נהנה כאותו השיעור אתה מחסר בעולמי וכמה שאתה מהנה לזולתך כשיעורו אתה מהנה אותי ואתפאר בך וכפי השיעור שאהנה ממך אעשה לך תפארה וחכמה נועם ועונג כידי הטובה ואם תהנה תחסר שיעור הנאתך בעולמי ואז יחרה אפי בך והחסרון הזה על ראשך יחול. הוי ההוללים בכרמי כל איש במעדר יעדור כחוצב במחצבת ויטמון בכליו ויברח.

עגאיזם אגואיזם המשפחתי ועגאיזם הפרטי:

לא ניתן העגאיזם אגואיזם, אנוכיות המופרז אל הבריות רק להתפתחות האהבה: ודומה הדבר כמו שנרצה לנטוע אילן מאכל הרי אתה מוכרח מתחילה למצוא הגרעין המיוחס להאילן הזה ואח׳כ ואחר כך ע״י על ידי עבודה והתפתחות תיזכה לראות פריו כן לצמיחת האהבה צרכין עכ׳פ על כל פנים גרעין מסוגל אליה ואומר לך שהוא העגאיזם הפרטי עם כל החסרונות שבו המתגלגלין על גלגל הקנאה ותאוה וכבוד אח׳כ אחר כך ע״י על ידי חיי משפחה מתפתח העגואיזם הצר ומתרחב על כל המשפחה כי אוהב את אשתו כמותו ואח״כ ואחר כך את בניו כמותו ונמצא עגואיזם הצר נתרחב על שטח רחב וזהו שהוכשר בטבע הא׳ כלומר הבהמי המשותף ואח׳כ ואחר כך נמצא סגולה במין האדם להזדקק לחיי חיבור ואז מתרחב

cualidad fue encontrada en los seres humanos: estar en la necesidad de una vida en conjunto con otros, y por lo tanto, su egoísmo se ensancha para incluir al vecindario entero, o la ciudad, o el país, porque el propio bien de una persona depende, en gran medida, de la totalidad de esta comunidad. Y este es el **segundo nivel**, que es natural también.

Entonces el trabajo comienza a volverse más profundo: entender que a los extranjeros que recién llegaron a asentarse en su comunidad también se les debe dar tanto amor como a la gente de su propia comunidad. [Estos extranjeros] pueden ser pobres en el momento, pero siguiendo el sendero de "el inteligente mantiene su vista adelante" (lit. el inteligente tiene sus ojos en su cabeza), él puede prever que con el tiempo es posible que ellos se vuelvan ricos y él disfrutaría su compañía.

El grado de amor

Y la senda de la educación acerca mucho a la gente. Esto significa entender el grado en su totalidad, el cual es: "Ama a tu prójimo como a ti mismo" (Levítico 19:18). [Entender esto] empieza con lo que está dicho: "No ignores a tu propia carne" (Isaías 58:7) que significa [amar] a los miembros de la familia de usted; para esto, no es necesario demostrarlo a un grado específico. Cuando se trata de la vida de la comunidad, es necesario demostrar el grado de "Ama a tu prójimo como a ti mismo". Y también, con respecto al extranjero, también "ámalo como a ti mismo".

Un buen orden de desarrollo para el amor

Primero, uno debe volverse fuerte en amarse uno mismo hasta el más completo grado porque la naturaleza del ser humano desde la infancia es ser perezoso. Y aun cuando se trata de nuestro propio bien, nos sentimos cómodos en desatender la tarea; es por esto que hay "celos, lujuria, orgullo…".

לו העגואיזם להקיף את כל שטח שכניו העיר או המדינה בהיות שטובתו הפרטית תלוי במידה מרובה בכל הציבור הזה וזהו דרגה ב׳ שגם הוא טבעי.

אח׳ז אחרי זה מתחיל העבודה להתחזק להבין אשר גם הגרים הבאים רק עתה להיתישב בשכונתו צריך להשרות עלהים האהבה כמו על בני עירו הגם שעתה עניים הם אולם בדרך החכם עיניו בראשו אפשר להשכיל שבדרך הזמן יכולין להתעשר ויהנה מקרבתם.

שיעור האהבה:

וסדר החינוך מקרב הרבה דהיינו להבין השיעור בשלימותו שהוא ואהבת לרעך כמוך שמתחילה נאמר ומבשרך אל תתעלם דהיינו רק בני משפחתו וע׳ז ועל זה אינם צריכין להראות שיעור אמנם על חיי הצבור צריכין להראות השיעור ואהבת לרעך כמוך וכן על הגר ואהבת לו כמוך.

סדר התפתחות טובה לאהבה:

שמתחלה צריך להתחזק באהבת עצמו בשיעור מלא כי טבע האדם מנעוריו להיות עצל, אפילו במה שמגיע לטובתו עצמו לעבדא בהפקירא ניחא ליה כי נוח לו להפקיר את העבודה וע׳ז ועל זה היכי קנאה, תאוה, כבוד.

El altruismo depende del egoísmo

Después de esto, es necesario escalar las etapas antes mencionadas al mismo nivel que uno ya ha alcanzado y ganado para uno mismo, como está dicho: "Ama a tu prójimo como a ti mismo". Y en cuanto a los extranjeros, está dicho: "... y lo amarás como a ti mismo". (Levítico 19:34). Esto significa que desde el arranque, una persona debe trabajar el amarse a sí mismo ya que una persona también causa y despierta su amor propio todos y cada uno de los días debido a su pereza e irresponsabilidad. Es solamente después de que adquiere el egoísmo estrecho, a saber: el amor propio excesivo, que él puede extender ese amor para incluir a los demás en este. Con esto usted puede entender que...

... el verdadero altruismo depende del egoísmo excesivo

Cualquiera que no ha alcanzado el amor a sí mismo, en el pleno sentido de la palabra, sino que más bien es una persona sin trascendencia o una persona sin importancia, ni siquiera tiene la semilla del amor. Y quien extiende su amor propio, y luego, a través de la educación, lo extiende a amar a los demás. Tal persona es la persona realmente grande y verdadera.

El error de abandonar el nacionalismo

Aquí podemos ver el gran error en principio en abandonar el nacionalismo porque el internacionalismo exitoso depende completamente del nacionalismo exitoso, como se mencionó antes. Porque todo es necesario, nada es dañino, solamente que necesitamos reglas y educación apropiadas.

Aborrecido significa dañino:

Uno debe recordar la regla de que nada es desagradable y desdeñoso, salvo solamente en nuestra interpretación del grado de su daño

אלטרואיזם תלוי בעגעיזם:

אח"ז אחרי זה צריכין לילך במדרגות הנ'ל באותו השיעור שכבר השיג והרויח לעצמו כמ'ש כמו שכתוב: ואהבת לרעך כמוך ועל הגר כתוב ואהבת לו כמוך (קדושים יט', לד') ואין הכונה אלא רק שצריך מתחילה לעבוד שיאהב את עצמו כי גם האדם מועל ומאנה את אהבת עצמו בכל יום מטעם העצלות והפקרות. ואחר שקונה העגאיזם הצר דהיינו אהבת עצמו המופרז אז אפשר לו להרחיב האהבה על זולתו ובזה תבין ש...

...אלטרואיזם אמיתי תלוי בעגאיזם מופרז:

כי מי שלא השיג אהבת עצמו במלא מובן המילה אלא הוא בבח'י בבחינת הפקר או אדם של מה בכך ודאי שאין לו אפ' אפילו הגרעין של אהבה ומי שהולך ומרחיב את אהבת עצמו ואח'כ ואחר כך ע'י על ידי חינוך הולך ומעבירו על אהבת זולתו הוא האדם הגדול האמיתי.

הטעות לבטל הנציואנאליזם:

ובזה תראה הטעות הגדול לבטל את הנציונליזם מעקרו כי האינטרנאציליזם המוצלח תלוי לגמרי בנאציליזם המוצלח כנ'ל אלא הכל צריך ואין כאן דבר מזיק ורק לסדרים ולחינוך אנו צרכין.

מאוס פירושו מזיק:

צריך לזכור הכלל הזה שאין דבר מאוס ומזולזל רק בפירושם בשיעור הזיקם והמועיל בו היופי וכל שבח למשל שאין נאה ומשובח לשמור על

y beneficio, su belleza y calidad de loable. Por ejemplo, no es apropiado proteger un jardín para tener belleza y esplendor si esto no es útil para su crecimiento. Por otra parte, la basura y la suciedad son benéficas para el jardín porque le son útiles y lo ayudan a crecer. De modo que si detestamos nuestro egoísmo, esto debe ser al grado en que éste causa daño a la gente en el mundo. Pero una vez que conocemos el arte de utilizar nuestro egoísmo estrecho para el bien de la comunidad, [entonces] ciertamente debe ser considerado hermoso y loable.

El desarrollo y progreso depende de la providencia sobre aquellos que fallan

Esto es porque quien sobresale en juntar todos los beneficios, pequeños o grandes, y quien es capaz de alcanzar el beneficio deseado es el que se apresura para asegurar la meta deseada. Y quien es perezoso o no pone atención en utilizar todo lo que puede ser utilizado por el bien de aquello que es útil, es el que aleja la meta y también hace daño. De esto, emerge una ley absoluta, la cual es: quien desea tener éxito en su negocio no debe perder nada, ni siquiera un artículo pequeño que es apropiado para ser utilizado para el propósito de su negocio.

No puedes confiar en la mente

Esto es porque la mente no gobierna al cuerpo, y una persona no tiene fe ni confianza excepto en preservarse a sí misma y a sus hijos cuando lo necesitan porque así es como las cosas son preparadas por la naturaleza. Esta es una fuerza física dominante.

Confianza por adquisición

Verdaderamente, hay todavía un camino para que la confianza correcta gane un punto de apoyo en una persona por medio de adquisición, y es: confianza en el Creador. La confianza en el

הגן מיופי והידור שאינו מועיל לצמיחה ואדרבה כל זבל ולכלוך משובח ונאה לגן באשר שמועילו ומצמיחו ואם אנו מואסים בעגאיזם הוא בשיעור שהוא מזיק לישוב העולם אמנם בהודיע לנו אותו המלאכה איך לנצל את העגואיזם הצר בשביל טובת הישוב הנה ודאי לשבח ויופי יחשב.

ההתפתחות והקדימה הוא כפי ההשגחה בניכשלים:

כי כל המרבה לאסוף כל הרוחים הקטנים עם הגדולים וכל המסוגל לתועלת הרצוי הריהו ממהר ומבטיח את התכלית המקווה וכל המתעצל או אינו נותן לב לנצל כל דבר שראוי לנצלו לטובת המועיל הריהו מרחיק את התכלית וגם מזיקו ומזה יוצא לנו חוק מוחלט שהרוצה הצלחה בעסקו אל יחמיץ אפ׳י אפילו דבר קטן הראוי לנצלו לתועלת עסקו.

אין נאמנות בשכל:

משום שהשכל אינו שולט בגוף ואין לאדם אמונה ונאמנות זולת על ״שמירת עצמו״ ועל יוצאי יריכו בזמן שצריכים אליו לטעם היותם מוכנים כן בטבע והיא כח גופני בעל השליטה.

אמונה בקנין:

ויש אמנם עוד מקום אמונה הראויה לשכון באדם בדרך קנין והוא האמונה בהשי״ת אמנם בחבירו אע׳פ אף על פי שקנה בו האמונה מ׳מ מכל מקום אינו נאמנות משום היותה בהכרח תלויה בדבר ואין לך דבר שיה׳י נצחי וממילא

prójimo, aunque este se haya ganado la confianza, no es todavía verdadera confianza porque esta debe ser condicional (lit. que dependa de algo). Dado que nada puede ser eterno, entonces esta confianza no puede ser eterna y, por lo tanto, no hay confianza aquí. Este no es el caso con respecto al Creador.Aunque [la confianza] es condicional, es adecuada para ser eterna dado que el Creador es eterno. Por esta razón, han dicho: "De No Por Ella Misma, llegará a Por Ella Misma".

שגם האמונה אינו נצחי וע'כ ועל כן אין כאן נאמנות משא"כ מה שאין כן בהשי"ת הגם שתלוי בדבר מ"מ מכל מקום ראוי הדבר להיות נצחי כמו שהשי"ת הוא נצחי וע'ז ועל זה אמרו מתוך שלא לשמה בא לשמה.

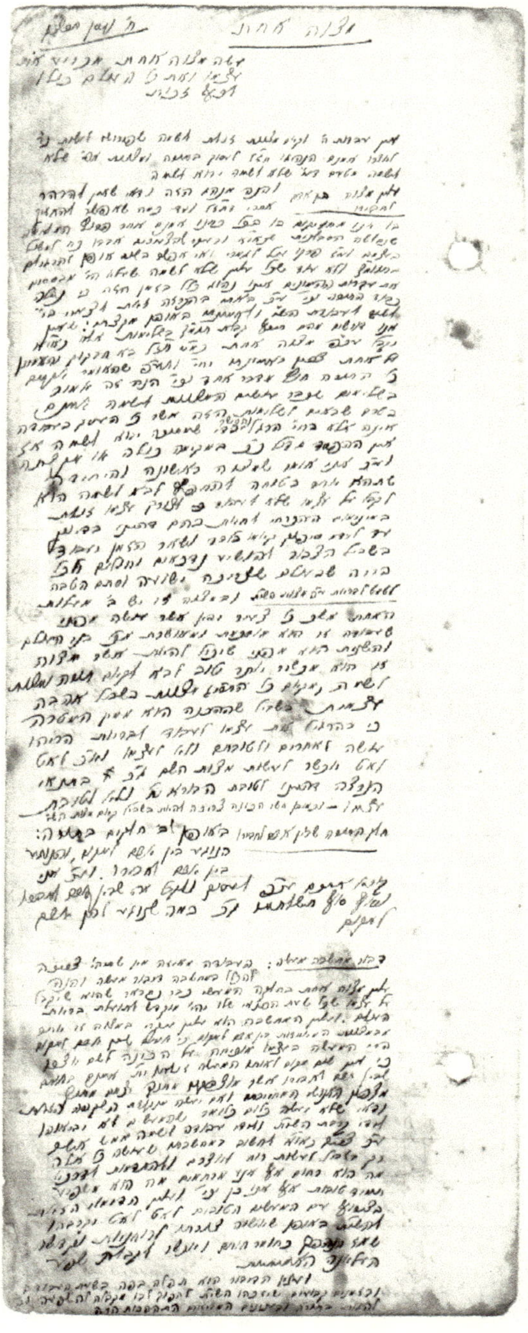
מצוה אחת

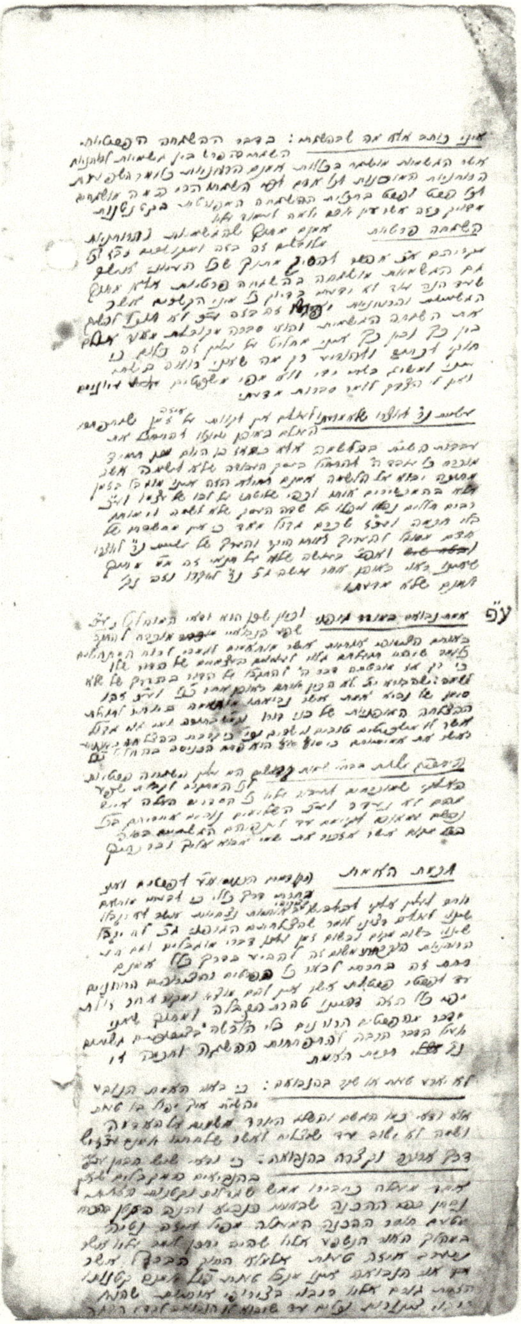

Manuscrito original de Un Precepto

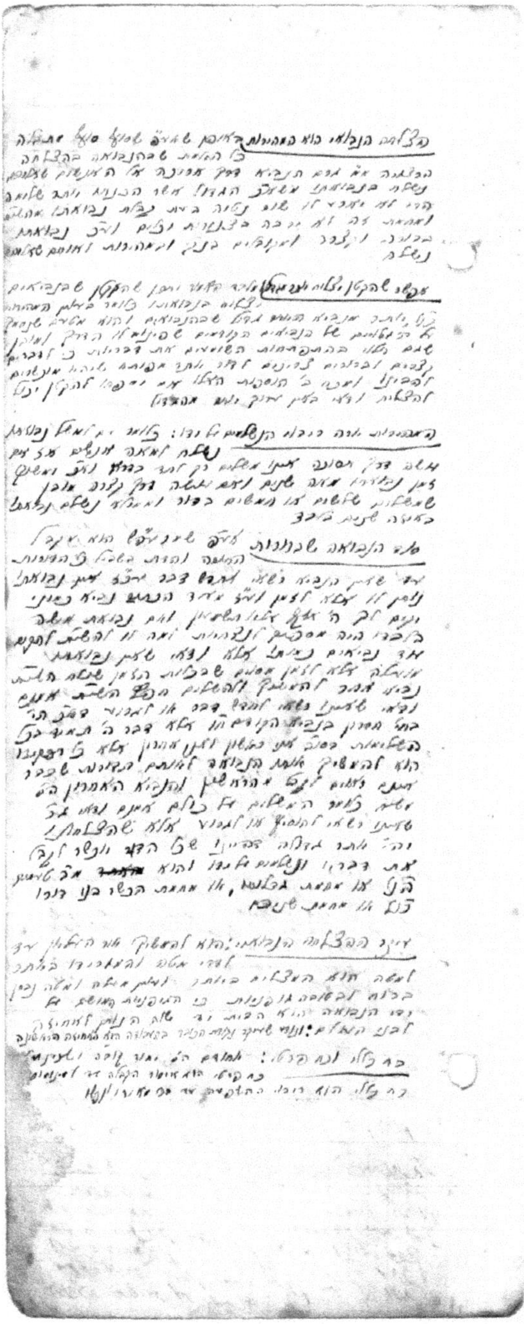

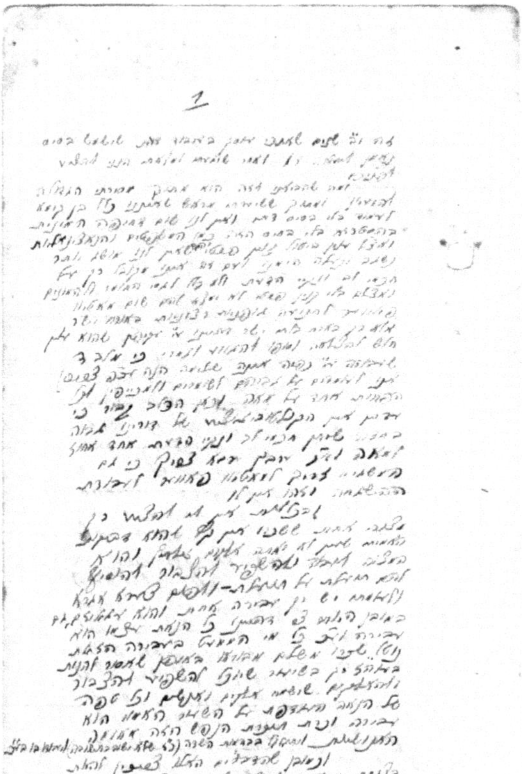

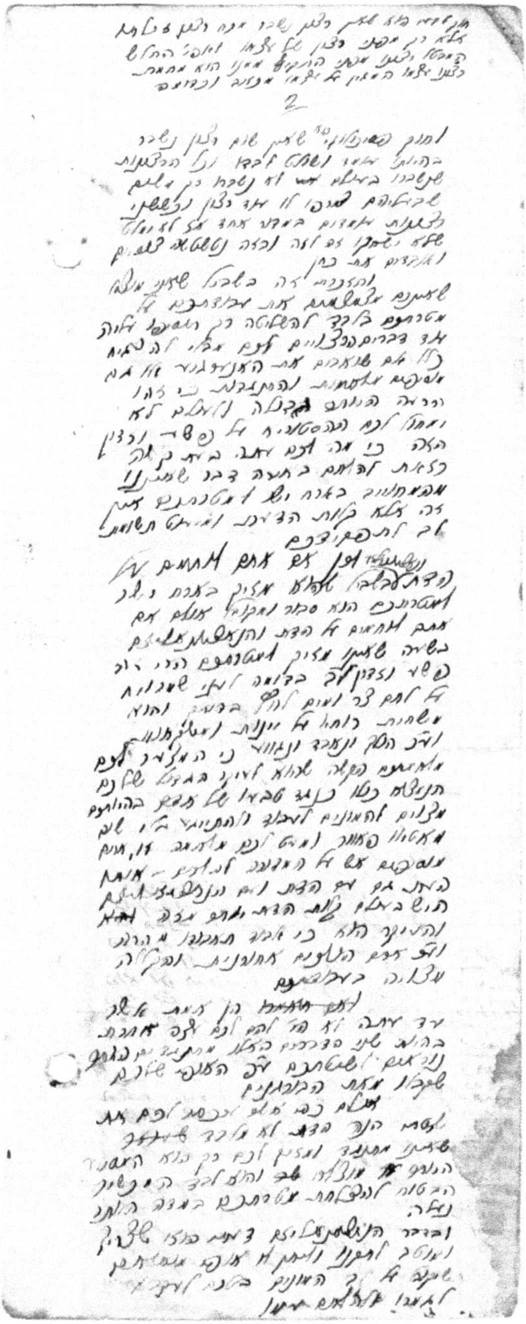

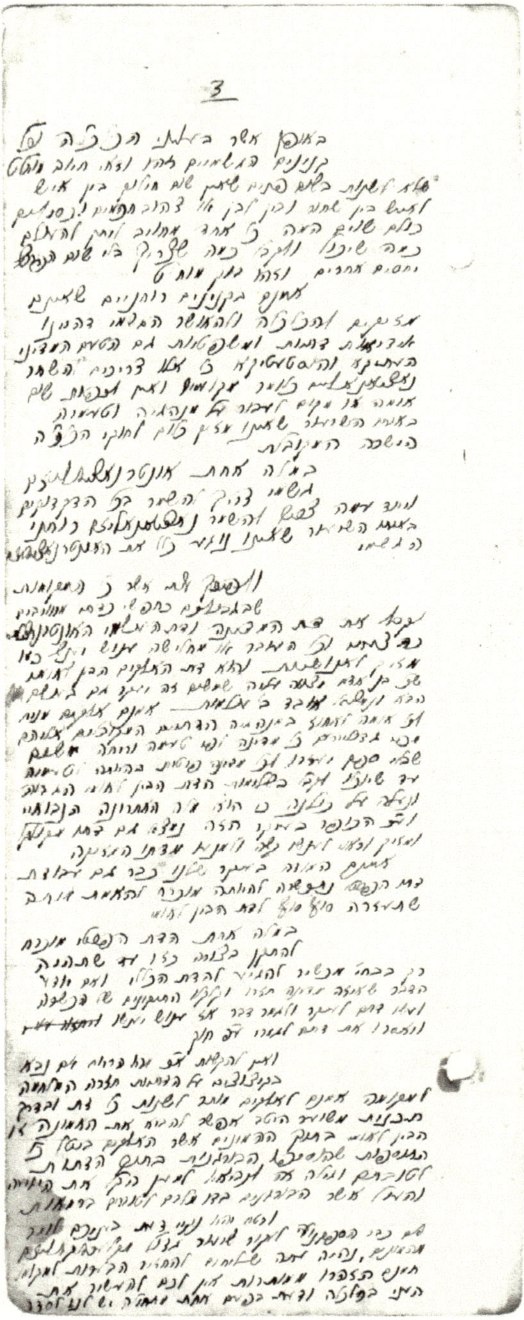

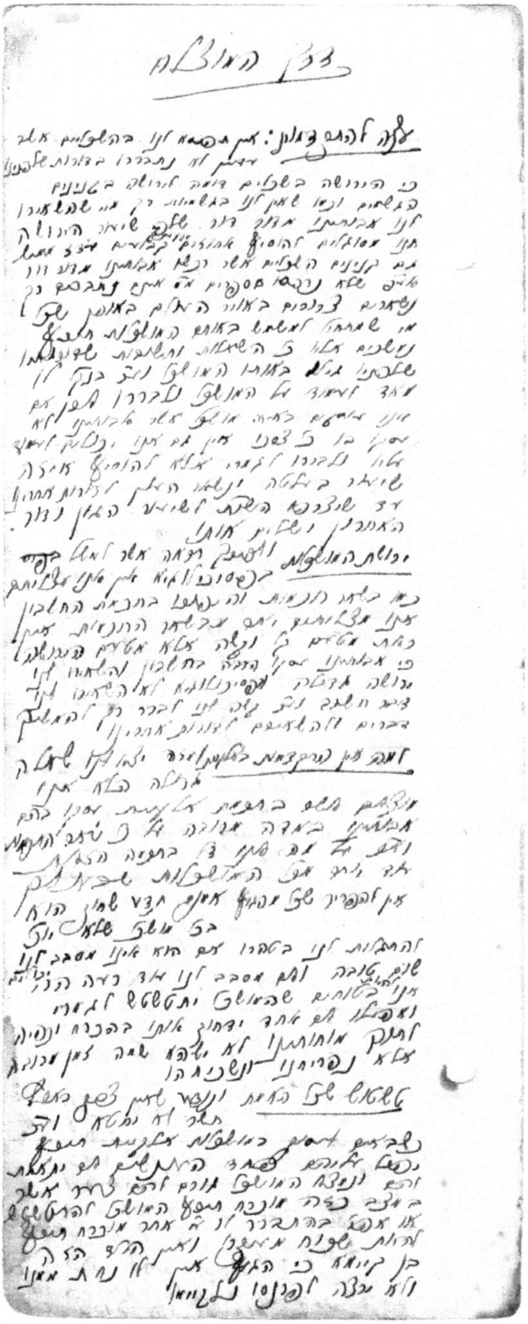

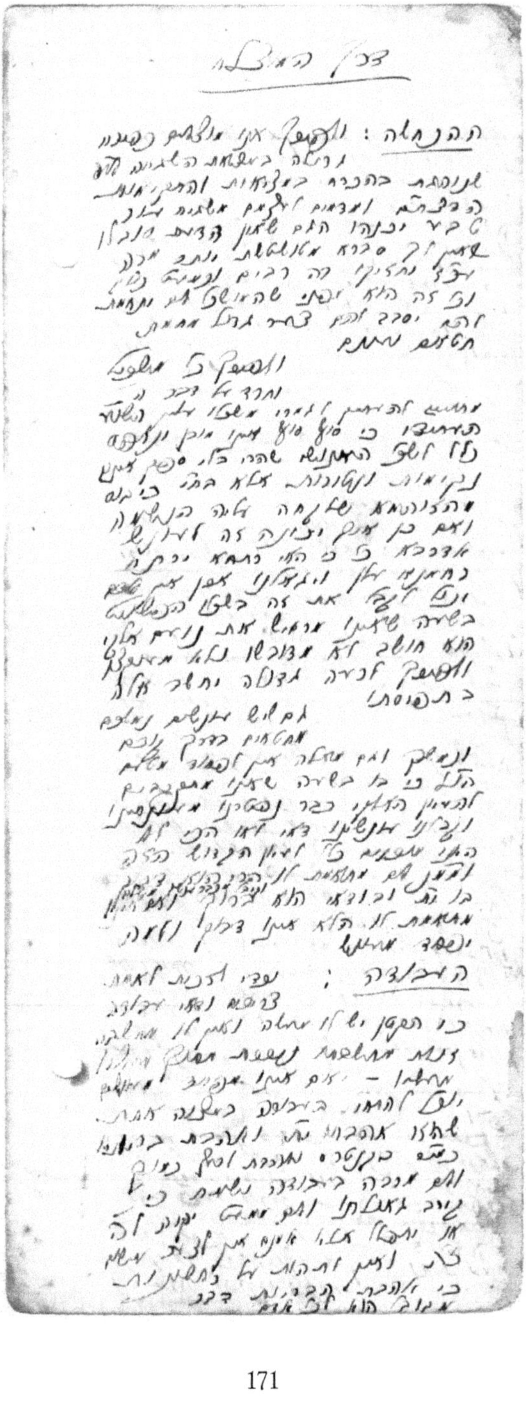

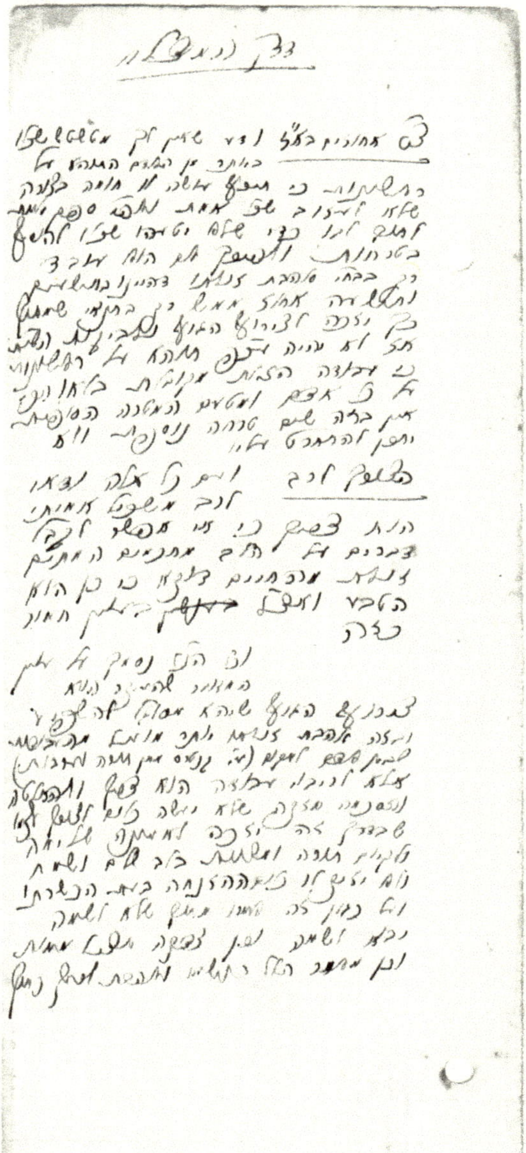

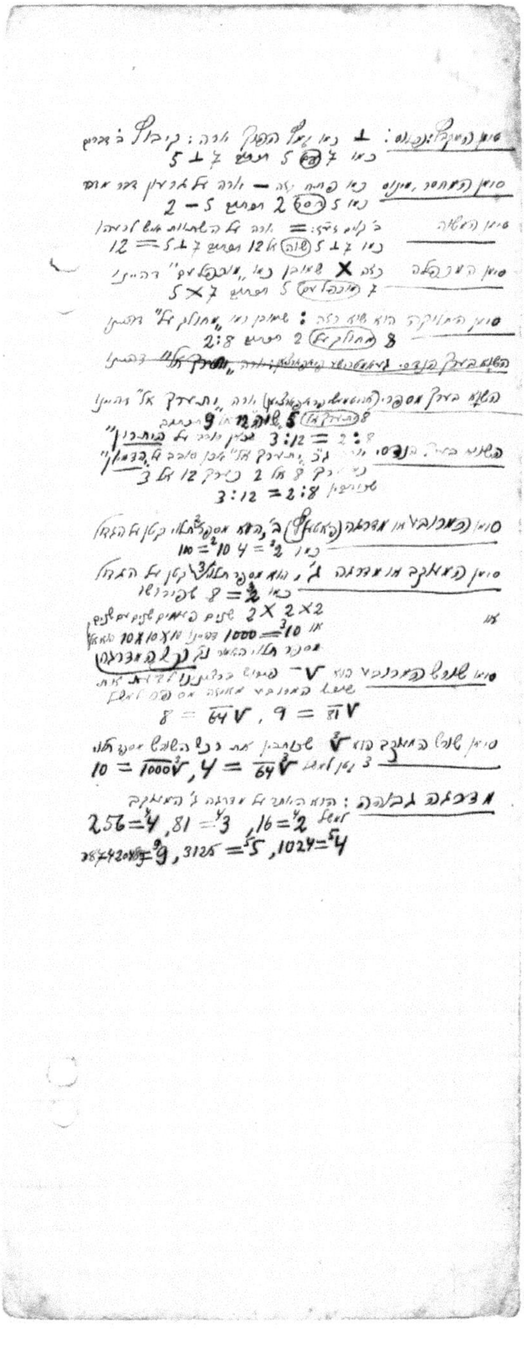

סימן המקביל: ⊥ כמו עמוד הפוך ומורה: מקביל
כמו 7 (מקביל) 5 ופירושו 7⊥5

סימן החסר, מינוס: כמו פתח קטן — ומורה על גרעון
כמו 5 (חסר) 2 ופירושו 5−2

סימן השוה: ב׳ קוים = ומורה על השתוות
כמו 7⊥5 (שוה) אל 12 ופירושו 7⊥5 = 12

סימן הערכה: כזה X שאומר כמו "מוכפל עם" דהיינו
7 (מוכפל עם) 5 ופירושו 7×5

סימן החלוקה הוא שתי נקודות : שאומר כמו "מחולק על" דהיינו
8 (מחולק על) 2 ופירושו 8:2

8:2 = 12:3

$3:12 = 2:8$

כמו $2^2 = 4$, $10^2 = 100$

כמו $2^3 = 8$ שפירושו 2×2×2

או $10^3 = 1000$ 10×10×10

$\sqrt{81} = 9$, $\sqrt{64} = 8$

$\sqrt[3]{64} = 4$, $\sqrt[3]{1000} = 10$

מדרגה גבוהה:

$2^4 = 16$, $3^4 = 81$, $4^4 = 256$

$4^5 = 1024$, $5^5 = 3125$, $9^9 = 387420489$

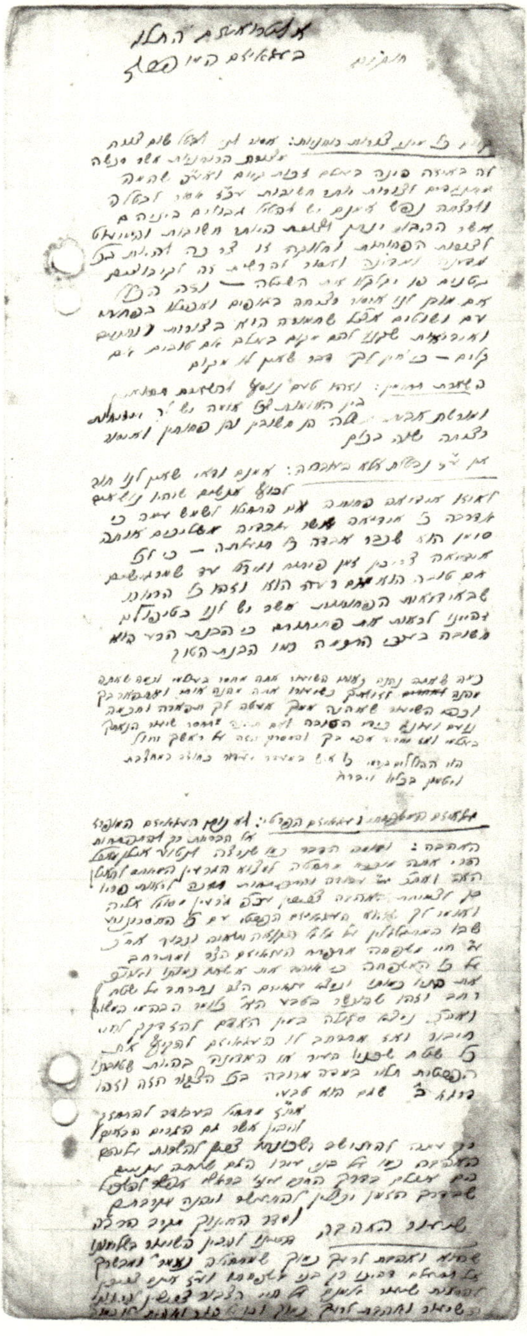

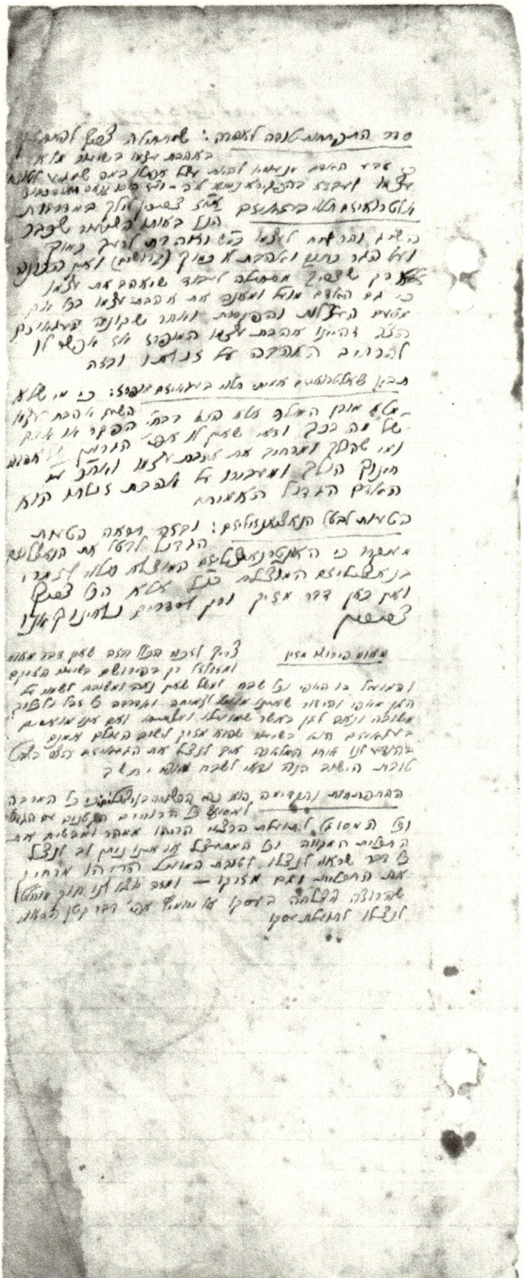

Manuscrito original de Un Precepto

Acerca del Autor

Nacido en Polonia en 1886, el Kabbalista **Rav Yehuda Áshlag** es reverenciado por estudiantes de Kabbalah como uno de los místicos y maestros espirituales más profundos del siglo XX. Entre sus muchos logros se encuentra la primera traducción en la historia del *Zóhar*, de su arameo original al hebreo.

Rav Áshlag sentía una profunda necesidad de revelar la sabiduría de la Kabbalah a las masas, hecho que estuvo prohibido a lo largo de la historia. Este deseo lo llevó a fundar el Centro de Kabbalah en Jerusalén en 1922, esto hizo que la sabiduría estuviera disponible abiertamente por primera vez, transmitiendo así un legado que continúa hasta la actualidad a través del Centro de Kabbalah Internacional, sus maestros y estudiantes de todo el mundo. Él fue el maestro y guía espiritual de Rav Yehuda Brandwein, a quien se le confirió el liderazgo del Centro cuando Rav Áshlag partiera en 1954. A su vez, cuando Rav Brandwein partió en 1969, designó al Kabbalista Rav Berg para que liderara el Centro de Kabbalah.

Michael Berg es director del Centro de Kabbalah y la Universidad de Kabbalah, también es escritor, maestro y erudito. Él es el editor y traductor de la primera traducción íntegra de los veintitrés volúmenes del Zóhar y su comentario al inglés, libro ancestral en arameo que es la esencia misma del pensamiento kabbalístico. Al haber nacido en la tradición kabbalística por ser hijo del Rav y Karen Berg, Michael profundizó en la sabiduría del Zóhar desde temprana edad e inició su traducción cuando tenía tan sólo dieciocho años, tarea que culminó diez años después.

Debido a que es adepto a escudriñar textos antiguos y sintetizar información compleja en ideas y lenguaje elegantes, Michael continúa la tradición iniciada por Rav Berg de condensar y simplificar la profunda sabiduría de la Kabbalah. Él es un autor de éxito en ventas y ha cultivado un gran número de seguidores de todas partes del mundo gracias a más de diez libros en inglés y hebreo, tales como Ser como Dios, Well of Life, El secreto y el best seller El camino de la Kabbalah; además, publica artículos de sabiduría semanal con más de 100.000 lectores cada mes. Entre sus más recientes proyectos está la compilación, edición y publicación de las cinco obras fundamentales de Rav Áshlag: La sabiduría de la verdad, Y escogerás la vida, Sobre la paz mundial, El Pensamiento de la Creación y La Luz de la sabiduría.

Michael Berg también tradujo y editó Amado de Mi Alma, un compendio de cartas escritas por Rav Brandwein a Rav Berg a lo largo de muchos años. Este libro presenta enseñanzas únicas y sagradas mediante las cuales fue transferido el liderazgo del Centro de Kabbalah.

Michael Berg vive actualmente en Nueva York con su esposa, Monica, y sus hijos, David, Miriam, Joshua y Abigail, y continúa dando conferencias en varias partes del mundo.

Conceptos Kabbalísticos

248 – Hay 248 segmentos óseos en el cuerpo humano así como también 248 palabras en la oración *Shemá* y 248 Preceptos positivos (acciones espirituales). Estos Preceptos positivos son acciones proactivas de "hacer", y cada uno se relaciona con una parte diferente del cuerpo. Cuando cumplimos con estos Preceptos, estamos fortaleciendo nuestro cuerpo.

365 – Hay 365 tendones y nervios en el cuerpo humano así como también 365 Preceptos negativos. Estos Preceptos negativos son acciones proactivas de "no hacer", refiriéndose a actos de restricción donde nos abstenemos de actuar según nuestros impulsos negativos y egoístas. Cada Precepto corresponde a un nervio y tendón diferentes así como también a cada uno de los 365 días del año.

613 – El número total de Preceptos que podemos cumplir para acercarnos más a la Luz del Creador. Todos los 613 Preceptos pueden ser encontrados dentro de los *Cinco Libros de Moshé*. Están separados en dos categorías: 248 Preceptos positivos de acciones proactivas de "hacer", y 365 Preceptos negativos de acciones proactivas "no hacer". Cumplir ambos tipos de Preceptos nos acercará más al Creador. Ver también: Precepto.

6000 Años de *Tikún* – *Tikún* significa "corrección", y estos 6000 años comenzaron con la creación del mundo y culminarán al final del sexto milenio. Nuestra corrección concierne al pecado de Adam y Javá (Adán y Eva), quienes comieron del Árbol del Conocimiento. El Árbol del Conocimiento es un código para el hecho que ellos hayan escuchado sus deseos egoístas. Estos seis mil años de *tikún* están divididos en tres eras, cada una consistiendo de 2000 años.

Adhesión – Un concepto que describe la cercanía absoluta al Creador. En la espiritualidad, la cercanía no está determinada por el espacio o la distancia sino por la Afinidad o Similitud de Forma. Cuanto más cerca estamos de comportarnos como el Creador, más cerca estamos de volvernos como Dios. Cuando actuamos egoístamente, reactivamente, negativamente, nos alejamos del Creador y no podemos adherirnos a Él; pero cuando actuamos desinteresadamente —como el Creador— nos acercamos a Él.

Ángel – Frecuencias o racimos de energía espiritual que constantemente vagan y se mueven entre nosotros, actuando como mensajeros del Creador y afectando las cosas que pasan en nuestra vida diaria. Un ángel es un conducto o canal que transporta energía cósmica o pensamientos de un lugar a otro o de una dimensión espiritual a la otra. Los ángeles no tienen libre albedrío, y cada ángel está dedicado a un propósito específico. Ver también: Otros dioses.

Árbol del Conocimiento – El Árbol del Conocimiento del Bien y el Mal que es mencionado en la Torá es una metáfora para la conexión a la realidad física y nuestro ego, donde estamos limitados por nuestros cinco sentidos. Nos permite la oportunidad de ejercer nuestro libre albedrío para escoger entre el bien y el mal, la Luz o nuestras conductas egoístas.

Árbol de la Vida – El Árbol de la Vida mencionado en la Torá es una metáfora del Universo Perfecto más allá de nuestra realidad del 1 Por Ciento.

Arí, El – Hebreo para el "Santo León", y el nombre dado a Rav Yitsjak Luria, quien nació en 1534 y falleció en 1572 en la ciudad de Safed de la región de Galilea de Israel. Considerado como el padre de la Kabbalah contemporánea, el Arí fue el más importante erudito y fundador del Método Luriánico de aprendizaje y enseñanza de la Kabbalah. Su estudiante más cercano, Rav Jayim Vital, compiló y escribió las enseñanzas del Arí en 18 volúmenes. Estos 18 volúmenes son conocidos colectivamente como los *Escritos del Arí* o *Kitvéi Arí*.

Arrepentimiento (***Teshuvá***) – Significa literalmente "retorno". El arrepentimiento debe ser entendido como una transformación del pensamiento o la acción para corregir una falta que hemos cometido. Al hacerlo, confesamos sinceramente nuestros errores pasados y aceptamos la responsabilidad por ellos, eliminando de esa manera cualquier caos y dolor que podamos encarar como resultado en el futuro.

Biná **(Inteligencia)** – La tercera de las Diez *Sefirot* (niveles) que existen en cada uno de los Cuatro Mundos Espirituales. *Biná* es el canal directo que hace pasar la Luz del Creador a través de los otros niveles a nuestro mundo físico. *Biná* sirve como un almacén y fuente de energía —física, emocional, intelectual y espiritual— para todo nuestro universo.

Cáscaras (***Klipot***) – Cáscaras malignas creadas por las acciones negativas de la humanidad. Es una cubierta metafísica negativa que oculta de nosotros la Luz del Creador y la entrega al Lado Negativo. Las Cáscaras también se aferran a las chispas de Luz que no somos capaces de elevar cuando no actuamos conforme a un impulso o acto positivo, o cuando realizamos una acción egoísta o negativa.

Creador – La Luz Infinita o la Fuerza de Luz del Creador, la Causa de todas las Causas.

Cuerpo – Las Siete *Sefirot* Inferiores: *Jésed* (Misericordia), *Guevurá* (Justicia, Poder), *Tiféret* (Belleza), *Nétsaj* (Eternidad, Victoria), *Hod* (Gloria), *Yesod* (Fundamento) y *Maljut* (Reino). Estas Siete *Sefirot* son llamadas el Cuerpo (heb. *Guf*) porque se relacionan con la manifestación física de acción, la cual es hecha por el cuerpo. Las Tres *Sefirot* Superiores (*Kéter*, *Jojmá* y *Biná*) son llamadas Cabeza porque representan el aspecto potencial: los pensamientos y las ideas.

Dar Placer al Creador – Toda acción espiritual que hacemos Por Ella Misma —cada vez que cambiamos nuestra naturaleza egoísta sin ninguna segunda intención; cada vez que seguimos a la Luz sin recibir algo a cambio— se considera que es Dar Placer a nuestro Creador.

Deseo – Una Vasija; una medida de cuánto deseamos trabajar para —y ganar— eso que deseamos tener o alcanzar. No puede haber acción de ninguna clase sin alguna forma de deseo, ya sea consciente o subconsciente.

Días del Mesías – Conocidos como los 1000 Años de Paz: un tiempo en que el mundo y sus habitantes experimentarán felicidad, placer, dicha, alegría y satisfacción puros. No habrá muerte, ni intolerancia, ni odio.

Diez Emanaciones Luminosas – El estudio de las emanaciones de las *Sefirot* desde el Infinito hacia abajo a nuestro mundo físico, compilado en siete volúmenes. Escrito por Rav Yehuda Áshlag, fundador del Centro de Kabbalah, este estudio es vital para cualquier entendimiento profundo del *Zóhar* y de la manera en que nuestro universo funciona.

Diez *Sefirot* – Los diez niveles de conciencia presentes en cada uno de los Cuatro Mundos Espirituales. Las Diez *Sefirot* son: *Kéter* (Corona), *Jojmá* (Sabiduría), *Biná* (Inteligencia), *Jésed* (Misericordia), *Guevurá* (Juicio, Poder), *Tiféret* (Belleza), *Nétsaj* (Eternidad, Victoria), *Hod* (Gloria), *Yesod* (Fundamento) y *Maljut* (Reino). Son diez Vasijas que revelan la Luz; a mayor deseo, más elevado el nivel de conciencia que es revelado.

Diferencia de Forma – La esencia del Creador es compartir incondicional. Cuando actuamos egoístamente y no actuamos altruistamente, estamos en Diferencia de Forma con el Creador.

Nos hemos distanciado del Creador y así no podemos adherirnos a Él. Es lo opuesto a Similitud de Forma.

***Ein Sof* (Infinito)** – Antes de la Creación todo lo que existía era la Luz Infinita del Creador. No había carencia; todos los deseos eran completamente satisfechos. La Vasija —el Deseo de Recibir— no tenía manchas del Deseo de Recibir Solamente Para Sí Mismo.

"En su tiempo" – En el *Libro de Isaías* (60:22) hay una sección que habla acerca de los días de la Redención Final, donde no habrá más guerra ni derramamiento de sangre, ni caos ni sufrimiento. Si no hemos cambiado nuestra naturaleza egoísta y continuamos con nuestras formas negativas de vivir, entonces el Creador dice a Yeshayahu (Isaías) que la Redención llegará "en su tiempo", significando al final de los 6000 años de *Tikún*, y no antes.

Entre Una Persona y el Creador – Este es un término usado al describir los Preceptos de la Torá que tienen que ver con la relación entre una persona y el Creador; como conectarse a la energía de los días festivos, meditaciones, etc.

Entre una Persona y Su Prójimo – Este es un término usado al describir los Preceptos de la Torá que tienen que ver con la relación entre una persona y su prójimo, como: "Honra a tu padre y madre", "No asesines", "No robes", "Devuelve un objeto perdido", etc.

Este Mundo – El mundo físico en el que vivimos y en el que estamos sujetos a las leyes de causa y efecto y atados por las limitaciones del tiempo, espacio y movimiento. También llamado la Realidad del 1 Por Ciento y el Mundo Ilusorio.

***EtsHaJayim* (Árbol de la Vida)** – Los primeros cuatro volúmenes en el compendio de 18 volúmenes de los *Escritos del Arí*, escritos por Rav Yitsjak Luria (el Arí). Estos volúmenes contienen las principales enseñanzas del estudio de las *Diez Emanaciones Luminosas*.

Evolución Gradual – El Creador no completó los mundos que creó para dar a la humanidad el espacio para trabajar y evolucionar de un estado de ego puro y Deseo de Recibir Para Sí Mismo solamente y volverse más como Dios. Este proceso de evolución ocurre ya sea que estemos conscientes o no de esto; y si activamente escogemos evolucionar o no.

Exilio – Un estado de existencia donde estamos menos conectados y en menor sintonía con la Luz; un estado donde rige el caos y los milagros son escasos.

Final (del *Tikún*) – Cuando nosotros, como un colectivo, transformamos nuestra naturaleza para volvernos completamente en seres que comparten, cuando estamos en verdadera Similitud de Forma con el Creador, hemos llegado al final del *Tikún* (lit. reparación, corrección), y los Días del Mesías (ver: Días del Mesías) llegarán.

Generación Final – La generación que vivirá en el tiempo en el que la paz prevalecerá, y la humanidad como un todo se habrá transformado en individuos únicos que usan su unicidad para compartir con los demás en vez de recibir para uno mismo solamente.

Gente de Construcción – Están interesados en apoyar y sostener a la comunidad como un todo. Como resultado, fueron frecuentemente obligados a entregar sus posesiones para el bien de los demás.

Gente de Destrucción – Están más inclinados hacia la ilegalidad y nunca desean entregar siquiera una parte pequeña de su porción para el bien de los demás. No toman en cuenta que están poniendo en peligro la existencia de la comunidad.

Gobierno del Cielo – Las leyes de naturaleza espiritual que guían a cada persona, criatura y átomo para ir a través de su propia evolución sin estar necesariamente conscientes de este proceso. También es llamado Providencia. Ver: "En su tiempo".

Gobierno de la Tierra – El Creador dio a los seres humanos herramientas para acelerar voluntariamente el proceso de evolución y el proceso de *Tikún* por su propia decisión. Ver: "Yo lo apresuraré".

***Guevurá* (Juicio, Poder)** – El quinto de los diez niveles (*Sefirot*) que existen en cada uno de los Cuatro Mundos Espirituales. *Guevurá* está compuesto por la energía de la Columna Izquierda. La Carroza para la *Sefirá* de *Guevurá* es Yitsjak el Patriarca.

Hablante – Hay cuatro Reinos (Inanimado, Vegetal, Animal y Hablante) que describen los niveles de conciencia así como indican la intensidad del Deseo de Recibir de cada Reino. Los humanos tienen el más grande Deseo de Recibir de toda creación y son únicos porque pueden usar el poder de la palabra hablada tanto para crear como para destruir. Este es el más elevado nivel de Deseo de los cuatro Reinos.

HaSulam – Literalmente "La Escalera". Escrita por Rav Yehuda Áshlag, *HaSulam* es una traducción en hebreo con un comentario del texto en arameo del *Zóhar*. Es una escalera hacia el entendimiento de los secretos ocultos codificados en el *Zóhar*.

***Hod* (Gloria)** – El octavo de los diez niveles (*Sefirot*) que existen en cada uno de los Cuatro Mundos Espirituales. *Hod* está compuesto de la energía de la Columna Izquierda, aunque menos intenso que *Guevurá*. La Carroza para la *Sefirá* de *Hod* es Aharón el Sumo Sacerdote. Ver también: *Guevurá*, Siete Inferiores, Diez *Sefirot*.

Hombre Primordial (*Adam Kadmón*) – Nuestra alma asciende y desciende a través de cuatro mundos espirituales durante el transcurso del día cuando hacemos nuestras conexiones espirituales: *Atsilut* (Emanación), *Briá* (Creación), *Yetsirá* (Formación), *Asiyá*

(Acción). Arriba de estos cuatro mundos está un mundo que no podemos alcanzar a través de nuestras conexiones, conocido como Hombre Primordial. Ver también: Mundo de *Atsilut* (Emanación), Mundo de *Briá* (Creación), Mundo de *Yetsirá* (Formación), Mundo de *Asiyá* (Acción).

Impureza – Un término usado para describir el nivel en el que una persona no logra hacer resistencia a su ego e inclinación al mal y se hunde más y más en el egoísmo.

Inanimado – De los cuatro Reinos (Inanimado, Vegetal, Animal, Hablante), este es el nivel primero y más bajo, conteniendo la intensidad más baja del Deseo de Recibir.

Inclinación al Mal – Todos tenemos dos voces interiores que nos guían en todo lo que hacemos. La Inclinación al Mal es la voz de nuestro oponente interno que nos impulsa a ser reactivos, hacer cosas egoístas y actuar negativamente. Es a veces mencionado como Satán, que en hebreo significa "adversario".

Individualidad Única – Nuestra alma es una chispa extendida directamente del Creador, quien es Uno, solo y único. Traemos el mismo ADN espiritual y nos sentimos naturalmente uno, solo y único. Cada uno de nosotros siente que el mundo fue creado solo para él y que el mundo entero está allí para servir al "yo". Esta ley de la individualidad única no debe ser condenada ni encomiada. Es lo que es y como tal es una verdad absoluta.

Israelita – Un nombre codificado para alguien que sigue un camino espiritual y que trabaja sobre sus rasgos negativos, esforzándose constantemente para transformarlos en positivos. Los israelitas son personas que asumen la responsabilidad de difundir la Luz, poniendo las necesidades de los demás antes de las propias, siguiendo las reglas espirituales de causa y efecto, y no tomando la Torá literalmente sino más bien como un mensaje codificado.

Iyov – Un hombre justo en los tiempos bíblicos cuya piedad y altruismo provocaron a Satán para probar su virtud con sufrimiento físico terrible, tanto interno como externo. Iyov nunca sucumbió al dolor, permaneciendo siempre fiel al Creador, y fue finalmente recompensado con el doble y el triple de lo que había perdido. El *Libro de Job* trata acerca de por qué la gente buena sufre y la gente mala prospera.

Jabakuk – Un profeta de los israelitas (circa 600 AEC). Es uno de los 12 Profetas Menores que tienen un libro nombrado como ellos en los 24 Libros de la Torá. Jabakuk murió cuando niño y fue resucitado por el profeta Elishá.

***Jasadim*, Luz de (Luz de Misericordia)** – Cuando una persona despierta dentro de ella un deseo de la Luz del Creador a través de transformar su Deseo de Recibir en Deseo de Recibir Para Compartir, crea una nueva Luz llamada la Luz de *Jasadim* (Misericordia). Esta Luz viste a la Luz de *Jojmá* (Sabiduría), que es la esencia de la Luz del Creador.

***Jayá* (El Sustento de la vida)** – La cuarta parte del alma de una persona conocida como *Jayá* (Sustento de la Vida) es muy raramente conectada y despertada. Cuando nos conectamos con nuestra *Jayá* esto significa que hemos alcanzado un nivel elevado de espiritualidad donde ya no tenemos dentro la Inclinación al Mal. *Jayá* (El Sustento de la Vida) es la Luz de la *Sefirá* de *Jojmá* (Sabiduría) que provee la vida y la sustenta.

***Jésed* (Misericordia)** – El cuarto nivel de las Diez *Sefirot* que existen en cada uno de los Cuatro Mundos Espirituales. *Jésed* está compuesta de la energía de la Columna Derecha, el polo positivo de la energía espiritual, que es compartir. La Carroza (*Mercavá*) para la *Sefirá* de *Jésed* es Avraham el Patriarca.

Jojmá **(Sabiduría)** – El segundo nivel de las Diez *Sefirot* que existe en cada uno de los Cuatro Mundos Espirituales. Un nivel de energía donde el resultado final del proceso más complicado es conocido en el mismo comienzo.

Justo (*Tsadik*) – Una persona que está completamente dedicada a trabajar en la transformación de sus rasgos negativos y en compartir incondicionalmente con los demás. El *Midrash* nos dice que una persona justa es alguien cuyas acciones positivas pesan más que sus acciones negativas.

Kéter **(Corona)** – El primero y más elevado de los diez niveles (*Sefirot*) que existen en cada uno de los Cuatro Mundos Espirituales. *Kéter* es la conexión final con la Fuerza de Luz del Creador y es el nivel de semilla de toda dimensión espiritual y física.

Libre albedrío – Los kabbalistas explican que nacemos con libre albedrío y que nuestras vidas no están predeterminadas. El libre albedrío es la capacidad de escoger rendirnos al Deseo de Recibir Para Sí Mismo Solamente o transformarlo en Deseo de Recibir para Compartir.

Libro de la Formación (*SéferYetsirá*) – El más antiguo libro conocido sobre el conocimiento y la sabiduría kabbalística. Escrito por Avraham el Patriarca hace unos 3800 años, trata principalmente del poder intrínseco dentro de las letras arameo-hebreas y las estrellas, y cómo ellas nos afectan en este mundo. Todos los secretos de la Creación que serán finalmente revelados se considera que están ocultos en este libro.

Luz Circundante – Un término usado en el estudio de las *Diez Emanaciones Luminosas.* Hay dos formas de Luz: la Luz Interior, la Luz que revelamos por medio de nuestras acciones, y la Luz Circundante, el resto de la Luz que tiene el potencial para ser revelado en nuestra vida. Esta Luz Circundante nos impulsa a crecer y revelar esta Luz potencial.

Luz del Creador – La energía del Creador que todo lo abarca, recibida en todos los mundos. Es todo excepto la Vasija, que es el Deseo de Recibir.

***Maljut* (Reino)** – El décimo y más bajo de los diez niveles (*Sefirot*) que existen en cada uno de los Cuatro Mundos Espirituales. *Maljut* representa la manifestación y nuestro mundo físico. La Carroza para la *Sefirá* de *Maljut* es el Rey David.

Mérito – En hebreo, esta palabra es *zejut*, que es derivada de la raíz de "puro", significando que cuando transformamos nuestra naturaleza egoísta en una de altruismo y compartir con los demás, nos volvemos puros y merecemos así nuestro siguiente nivel espiritual.

Mesías – Descrito a menudo como una persona, el concepto de Mesías simplemente significa una conciencia colectiva de la humanidad donde cada uno se preocupa de las necesidades de los demás antes que de las propias, emulando de esta manera el altruismo absoluto de la Luz. Ninguna de todas las formas de muerte (en la salud, en los negocios, en las relaciones o cualquier otra cosa) puede existir en el ámbito de esta conciencia.

Mishná – Una explicación en seis volúmenes de las leyes espirituales en los *Cinco Libros de Moshé*. Cada uno de los seis volúmenes trata una categoría específica de ley. La Mishná fue originalmente una enseñanza oral, transmitida de maestro a estudiante donde quiera. Sin embargo, después de la destrucción del Segundo Templo, Rav Yehuda HaNasí reunió todas las *Mishnás* y las colocó en categorías y volúmenes en un formato escrito. La *Mishná* fue compuesta por los *Tanaim*, kabbalistas que vivieron en Israel entre los años 200 AEC y 200 EC.

Moshé – Conocido como el más grande de los profetas que hayan vivido, Moshé fue un intermediario para que los israelitas recibieran los Diez Enunciados de Dios en el Monte Sinaí. Él condujo a los israelitas a través del desierto hasta la orilla del Río Jordán, pero no entró con ellos en la Tierra de Israel.

Muerte es Tragada Eternamente, La – Durante los días del Mesías, no habrá más muerte. Esta será tragada para siempre por la Luz del Creador. Esto también se refiere a la Resurrección de los Muertos que ocurrirá durante este tiempo.

Mundos (*Olamot*) – Un término usado en el estudio de las *Diez Emanaciones Luminosas*. Hay cinco canales que traen la Luz abajo a esta realidad mundana. Cuando los canales están llenos de Luz los llamamos Mundos. Cada Mundo representa un nivel diferente de conciencia que está relacionado con un nivel de velo que cubre a la Luz. La palabra *olam* en hebreo significa "desaparición", refiriéndose al hecho de que solamente cuando la Luz está oculta puede una realidad ser revelada. Los Mundos son: Hombre Primordial (*Adam Kadmón*), Emanación (*Atsilut*), Creación (*Briá*), Formación (*Yetsirá*) y Acción (*Asiyá*).

Mundo de Acción (*Asiyá*) – El más bajo (de arriba hacia abajo) de los Cinco Mundos Espirituales que emergieron después del *Tsimtsum* (la Restricción) de la Vasija en el Infinito. El Mundo de Acción es la dimensión donde es revelada la menor cantidad de Luz. Permitiendo que la humanidad ejerza su libre albedrío al discernir entre el bien y el mal. El Mundo de Acción también está relacionado con la *Sefirá* de *Maljut* (Reino) y es referido como el Árbol del Conocimiento del Bien y el Mal.

Mundo de Creación (*Briá*) – El tercero (de arriba hacia abajo) de los Cinco Mundos Espirituales que aparecieron después del *Tsimtsum* (Restricción). Está relacionado con la *Sefirá* de *Biná* (Inteligencia) y es un almacén de energía universal de la humanidad.

Mundo de Emanación (*Atsilut*) – El segundo (de arriba hacia abajo) de los Cinco Mundos Espirituales que aparecieron después del *Tsimtsum* (Restricción). En este elevado y muy exaltado Mundo, la Vasija es pasiva en relación con la Luz, permitiendo a la Luz fluir sin ninguna segunda intención. Está relacionado con la *Sefirá* de *Jojmá* (Sabiduría).

Mundo de Formación (*Yetsirá*) – El cuarto (de arriba hacia abajo) de los Cinco Mundos Espirituales que aparecieron después del *Tsimtsum* (la Restricción). Mientras que en el Mundo más bajo (Acción) el mal es la fuerza predominante, en el Mundo de Formación el bien es la fuerza predominante. Está relacionado con la *Sefirá* de *ZeirAnpín* (Rostro Pequeño) y con la energía del Escudo de David.

Mundos de Impureza – La realidad negativa gobernada por Satán y lo opuesto, o imagen de espejo, de los Mundos de Santidad.

Mundos de Santidad – Los mundos gobernados por la Luz Infinita: *Adam Kadmón* (Hombre Primordial), *Atsilut* (Emanación), *Briá* (Creación), *Yetsirá* (Formación), *Asiyá* (Acción).

Mundo por Venir – El reino donde la felicidad, la satisfacción, el amor y la alegría existen; el Reino del 99 Por Ciento de la Luz del Creador. Los kabbalistas explican que el Mundo por Venir existe en todos y cada uno de los momentos de nuestras vidas. Toda acción nuestra crea un efecto que regresa a nosotros ya sea para bien o para mal, y a través de la manera como vivimos nuestras vidas, podemos crear mundos de acuerdo con nuestro diseño. Ver también: Este Mundo.

Néfesh – La parte más baja de nuestra alma. Es nuestra conciencia elemental e instinto animal para la supervivevencia. *Néfesh* es avivada usualmente por el Deseo de Recibir Para Sí Mismo y tiene dos niveles: *Néfesh* Animal, que es el Deseo de Recibir Para Sí

Mismo Solamente, y *Néfesh* Espiritual que es el Deseo de Recibir Para Compartir. Debido a que la conexión a *Néfesh* es a través de la sangre, la Torá declara que no debemos comer o beber sangre animal, para no conectarnos al instinto crudo animalesco. A lo largo de la vida de la persona, en ciertos hitos relacionados con la edad, despertamos y conectamos partes adicionales del alma. Ver también: *Jayá*, *Neshamá*, *Rúaj*, *Yejidá*.

***Neshamá* (Alma)** – La tercera parte de nuestra alma, a la que despertamos y nos conectamos cuando llegamos a los 20 años de edad. La *Neshamá* nos ayuda a conectarnos directamente al poder del Creador. Es compatible con la Luz que está contenida en *Biná*.

***Nétsaj* (Eternidad, Victoria)** – El séptimo de los diez niveles (*Sefirot*) que existen en cada uno de los Cuatro Mundos Espirituales. *Nétsaj* está compuesta de la energía de la Columna Derecha, aunque es menos poderosa que *Jésed*. La Carroza para la *Sefirá* de *Nétsaj* es Moshé.

No Por Ella Misma – Un concepto también conocido como *Lo Lishmá*, se refiere a la acción espiritual que es hecha con una intención oculta, donde usted está tratando de obtener algo para usted mismo solamente. Ver también: Por Ella Misma.

Obra del Creador – Cumplir los Preceptos de la Biblia y seguir el camino del Creador.

Otro Lado, El – El lado negativo, la Inclinación al Mal, el Satán.

Paraíso – El ámbito del 99 Por Ciento donde no hay caos, ni dolor, ni sufrimiento, sino solamente felicidad y satisfacción.

PaRDéS*, El** – Cada palabra y letra en la Torá puede ser entendida de cuatro maneras diferentes: ***Peshat, el significado simple y literal; ***Remez***, el significado alegórico detrás de las palabras, metáforas que representan un significado más profundo; ***Derash***, la profunda explicación interior y los significados homiléticos; ***Sod***, los secretos detrás de las palabras,y de donde viene la Sabiduría de la Kabbalah. La primera letra de cada uno crea el acrónimo PRDS, pronunciado como ***PaRDéS***, que significa "huerto".

Partsuf – Una estructura espiritual completa de las Diez *Sefirot*. Un *Partsuf* representa la cabeza, las Tres *Sefirot* Superiores: lo potencial; y las Siete *Sefirot* Inferiores, el Cuerpo: lo real.

Peshat – El significado simple detrás de las palabras de la Torá; el significado literal de las narraciones y eventos. *Peshat* es considerado la piedra fundamental para las tres otras maneras de entender la Torá. Ver también: *PaRDéS*.

Por Ella Misma – Hacer algo solamente por amor a revelar la Luz sin ninguna otra intención personal o pensamiento detrás de ello. Este término es comúnmente dicho acerca del estudio de la Torá y los Preceptos. En hebreo, es llamado *Lishmá*.

Precepto – Una de las 613 acciones espirituales que podemos realizar para conectarnos a la Luz del Creador. Hay dos tipos de Preceptos: aquellos entre el hombre y su semejante, y aquellos entre el hombre y el Creador. En hebreo, la palabra para Precepto es *Mitsvá*, que significa "unión" o "enlace" y nos muestra que los Preceptos crean unión entre nosotros y el Creador.

Profeta – Una persona escogida para hablar por Dios por medio de la Inspiración Divina y para guiar al pueblo de Israel.

Prólogo al *Zóhar* – El primer volumen del *Zóhar*; contiene secciones de comentario que detallan muchos conceptos esotéricos, los cuales no necesariamente se relacionan con alguna porción.

Proverbios, Libro de – Uno de los 24 Libros de la Biblia. El *Libro de Proverbios* fue escrito por el Rey Shlomó y trata de las lecciones de la vida.

Providencia – Todo lo que pasa en esta Tierra es conducido por la Divina Providencia. El *Zóhar* nos dice que hasta cada hoja de hierba tiene su propio ángel individual que le indica crecer. En resumen, cada acción o evento que ocurre es supervisado por el Creador mismo, y no importa cuán malas nos puedan parecer las cosas, la Luz del Creador está allí.

Puro – Sin mancha espiritual. Alguien o algo que está completamente limpio de negatividad; hay menos de Deseo de Recibir y más de Deseo de Compartir. Mientras más pura es una persona, más Luz puede brillar a través de ella e iluminar su vida y las vidas de los otros a su alrededor.

Raíz – Como creaciones de Dios, podemos ser equiparados a las ramas en un árbol, donde el Creador es la raíz que da vida a las ramas.

Rav Elazar ben Shimón – Hijo del autor del *Zóhar*, el gran Kabbalista Rav Shimón bar Yojái. Hace alrededor de 2000 años, Rav Elazar y su padre se ocultaron de los romanos por trece años en una cueva, donde la Sabiduría del *Zóhar* les fue revelada por Moshé y Eliyahu el Profeta.

Rav Jayim Vital – El más cercano y principal estudiante de Rav Yitsjak Luria (el *Arí*). Bendecido con una memoria increíble, fue capaz de escribir todo lo que el Arí le enseñó durante los dos años que estuvieron juntos antes de que el Arí falleciera, y el resultado fueron los 18 volúmenes de los *Escritos del Arí*. Ver también: Arí.

Rav Shimón bar Yojái – El Maestro Kabbalista y autor del *Zóhar*, la más importante obra de conocimiento kabbalístico. Fue un

Taná del siglo segundo y estudiante de Rav Akivá. Recibió su conocimiento Divino de Moshé y Eliyahu el Profeta mientras se ocultaba en una cueva con su hijo, Rav Elazar. Para Rav Shimón bar Yojái, la limitación del tiempo, el espacio y el movimiento no existían.

Recibir para Compartir – Describe una acción de recibir donde el propósito no es recibir para uno mismo solamente, sino recibir con la intención de desear compartir lo que se ha recibido con los demás.

Recompensa y Castigo – Palabras codificadas para la ley universal básica de causa y efecto. El Creador no nos castiga o recompensa por nuestra conducta. Nuestras acciones simplemente crean un efecto o consecuencia que regresa a nosotros en el mismo grado, bueno o malo, dependiendo de si nuestra acción fue positiva o negativa.

Reino Animal – El tercero de los Cuatro Reinos (Inanimado, Vegetal, Animal, Hablante), con una mayor capacidad de un Deseo de Recibir que ambos: los Reinos Inanimado y Vegetal, pero menos que el Reino Hablante.

Rémez – El significado oculto detrás de las palabras en la Torá. Ver también: *PaRDéS*.

Resurrección de los Muertos – En los días del Mesías, cuando no habrá más muerte, y cada uno que ha muerto previamente volverá a la vida y estará con nosotros otra vez. El Kabbalista Rav Áshlag explica que durante el tiempo del Mesías cada uno será resucitado con sus defectos, con su naturaleza y características egoístas, y le será dada la oportunidad de transformar estos defectos y purificarse.

Revelación en el Monte Sinaí – El evento (circa 1300 AEC) durante el cual los israelitas, por alcanzar la unión total, recibieron la Torá en el Monte Sinaí. Los israelitas experimentaron la inmortalidad, mente sobre la materia, y la realidad existente más allá de los cinco sentidos.

Rey David – El segundo Rey de Israel (reinó circa 970-1010 AEC), pero el primero de la Tribu de Yehuda. Escogido por Dios y ungido por el profeta Shmuel, David no fue solamente un gran guerrero que expandió su reino, sino también el autor del *Libro de los Salmos*. El Rey David es la Carroza de la *Sefirá* de *Maljut* (Reino), representando así la dualidad de la realidad física, esa de luchar para sobrevivir mientras despertamos nuestra esencia espiritual al mismo tiempo. El Rey David es la semilla del Mesías futuro.

Rey Shlomó – El hijo del Rey David y tercer rey de Israel (reinó circa 931-970 AEC). El Rey Shlomó construyó el Primer Templo en Jerusalén. Conocido como el hombre más sabio que jamás haya vivido, dominaba todos los aspectos de la sabiduría en el mundo. Su nombre en hebreo; *Shlomó*, significa "terminación" o "totalidad" así como "paz", y durante su reinado no hubo guerra en parte alguna del planeta.

***Rishonim* (lit. los Primeros)** – Los grandes comentaristas de la *Mishná* y el *Talmud* que vivieron entre los siglos XI y XV EC. Dos de los *Rishonim* más prominentes son Rashí y Rashbam

Rúaj – De los cinco niveles que forman el alma, *Rúaj*, que significa "Espíritu", es el segundo nivel arriba de *Néfesh*. Es la parte de nuestra alma que es despertada cuando llegamos al *Bar* o *Bat Mitsvá* (a la edad de trece años para los varones y doce para las mujeres), activando nuestro libre albedrío para escoger entre la Luz y la oscuridad, el bien y el mal.

Sabiduría de la Verdad – Otro término para la Sabiduría de la Kabbalah, así llamada porque la Verdad es algo que no es subjetivo ni inconsistente. La verdad es constante y no cambia debido a las influencias humanas.

Sabiduría Revelada – Cualquier parte de la Sabiduría de la Kabbalah cuyo significado es accesible y fácil de entender.
Sabios – Un término usado para referirse a los kabbalistas del tiempo del Segundo Templo. Todos fueron hombres muy inteligentes que nos dejaron profunda sabiduría y muchas lecciones para ser encontradas en la *Mishná*, el *Talmud* y el *Zóhar*.

Salmos, Libro de los – Uno de los 24 Libros de la Biblia. El *Libro de los Salmos* fue escrito por el Rey David como cánticos y poemas que nos enseñan acerca de la vida y acerca de la relación personal de uno con el Creador. Muchos rezos están basados en los Salmos, y el *Zóhar* cita con frecuencia este libro.

Santidad – Un término usado para describir el nivel espiritual alcanzado donde una persona está batallando con su ego y la Inclinación al Mal, resistiéndose a ellos y en vez de estos está compartiendo desinteresadamente. Este término es también usado para describir cosas o lugares, y el nivel de conexión que podemos hacer a través de ellos. Por ejemplo: Jerusalén es llamada la Ciudad Santa porque es el centro de energía del mundo y donde podemos hacer nuestra más fuerte conexión con el Creador.

Siete Inferiores – En cada uno de los Cuatro Mundos Espirituales hay diez niveles o *Sefirot*. Las siete *Sefirot* inferiores son *Jésed* (Misericordia), *Guevurá* (Juicio, Poder), *Tiféret* (Belleza), *Nétsaj* (Eternidad, Victoria), *Hod* (Gloria), *Yesod* (Fundamento) y *Maljut* (Reino). Colectivamente, las Siete *Sefirot* Inferiores representan las seis direcciones: Sur, Norte, Este, arriba, abajo y Oeste.

Similitud de Forma – Describe cuán cerca estamos del Creador. La esencia del Creador es compartir incondicionalmente. Cuando actuamos desinteresadamente y no recibimos egoístamente, estamos en Similitud de Forma con el Creador. Podemos adherirnos a Él, acercándonos a Su Esplendor Celestial.

Sistema Impuro – El sistema hecho solamente de las Columnas Derecha e Izquierda, con la exclusión de la Columna Central para equilibrar el flujo de Luz y energía. Este sistema crea un corto circuito en nuestra alma, lo cual a su vez aviva el lado negativo o Satán.

Sitréi Torá – La oculta Sabiduría de la Kabbalah y la Torá. Todos los secretos y enseñanzas de la Kabbalah y la Torá pueden ser divididos en dos categorías: *Sitréi Torá* (Secretos de la Torá) y *Taaméi Torá* (Sabor o Significado de la Torá). *Sitréi Torá* puede ser revelada solamente a aquel que merece y se ha ganado la Revelación Divina a través de un maestro, un ángel o el Profeta Eliyahu. Ver también: *Taaméi Torá*.

Sod – Una de las cuatro maneras de interpretar cada palabra y cada frase en la Torá. *Sod* es los Secretos de la Torá, la Sabiduría de la Kabbalah. Ver también: *PaRDéS*.

Taaméi Torá – Literalmente: "Sabor o Significado de la Torá", la sabiduría revelada de la Kabbalah y la Torá. *Taaméi Torá* se refiere a las enseñanzas de la Torá que tienen una explicación clara y comprensible para cada conexión que hacemos en nuestra vida diaria a través de estudiar y cumplir los Preceptos. Estas enseñanzas usualmente no están ocultas y están dadas a conocer a todos.

Talmud – Un compendio escrito de las explicaciones y comentarios de los sabios de los siglos III a VII EC sobre las leyes en los *Cinco Libros de Moshé* con relación a la ética, las costumbres y la historia. Incluye la *Mishná*, la *Guemará*, y las *Tosefot*, así como los comentarios hechos por Rashí y muchos otros comentaristas. Hay dos *Talmudes*: El *Talmud Babilonio* y el *Talmud de Jerusalén*. Después de la destrucción del Templo, muchos sabios fueron exiliados a Babilonia, y de aquí el *Talmud Babilonio*. La versión del *Talmud* que era enseñada en la región de Israel; difiere frecuentemente en detalles menores del *Talmud Babilonio*.

Tetragrámaton – La combinación de cuatro letras del Nombre de Dios, escrito con las letras *Yud* y *Hei* y *Vav* y *Hei*. Este es el Nombre de Dios que denota misericordia y compartir absolutos.

***Tiféret* (Belleza)** – El sexto de los diez niveles (*Sefirot*) que existen en cada uno de los Cuatro Mundos Espirituales. *Tiféret* constituye la Columna Central, ya que esta *Sefirá* se encuentra entre *Jésed* (Columna Derecha) y *Guevurá* (Columna Izquierda). La Carroza para la *Sefirá* de *Tiféret* es Yaakov el Patriarca.

***Tikún* (Corrección)** – Venimos a este mundo a corregir los aspectos egoístas de nuestra naturaleza y transformarnos en seres que comparten. Todo lo que experimentamos en la vida —bueno o malo— es un proceso de *Tikún* por medio del cual corregimos, purificamos y elevamos nuestras almas. El propósito del *Tikún* es traer a cada ser humano, junto con todo el universo, a la perfección. También conocido como karma y el propósito de la reencarnación.

Tikunéi HaZóhar – Literalmente: "Correcciones para el Zóhar", escrito como 72 comentarios sobre la primera palabra de *Génesis* (*Bereshit*). *Tikunéi HaZóhar* discurre sobre las enseñanzas específicamente dirigidas a la Era de Acuario. Esta es la primera instrucción que Rav Shimón bar Yojái recibió en la cueva.

Torá – Los *Cinco Libros de Moshé*. El cuerpo entero del estudio bíblico, incluyendo los *Cinco Libros de Moshé*, los otros 24 Libros de la Biblia, la *Mishná*, el *Talmud* y la Kabbalah, también pueden ser mencionados como Torá.

Torá Escrita – Los *Cinco Libros de Moshé* y todas las enseñanzas encontradas dentro que fueron dadas a los israelitas en el Monte Sinaí.

Torá Oculta – Aspectos de la Torá cuyo significado está oculto; también llamada Los Secretos de la Torá. La Torá Oculta es esencialmente una referencia a la Sabiduría de la Kabbalah. Una razón por la cual la Kabbalah es mencionada como la Torá Oculta es porque está oculta de la comprensión inmediata y literal de la Torá.

Torá Oral – La Sabiduría de la Torá que no fue dada a los israelitas en el Monte Sinaí como parte de la Torá Escrita, sino que fue enseñada oralmente por el Creador a Moshé, quien a su vez la transmitió a los israelitas. Esta sabiduría continuó siendo enseñada oralmente hasta que fue finalmente escrita como la *Mishná* y el *Talmud*.

Torá Revelada – La Torá escrita, la *Mishná* y el *Talmud*.

Transgresión – También mencionada como pecado o iniquidad. Todas estas son palabras codificadas para una cosa: una desconexión de la Luz del Creador y una conexión a la oscuridad, el caos, el dolor y el sufrimiento.

Tratado – El *Talmud* y la *Mishná* están cada uno dividido en seis secciones, cada una de las cuales está además dividida en subsecciones llamadas *Maséjet* o *Tratados*. A cada subsección le es dado un nombre para describir el tópico de la discusión.

Tratado *Avot* (Padres) – También conocido como *Pirkéi Avot* (Lecciones de Nuestros Padres), este es uno de muy pocos Tratados en la *Mishná* que no tiene un comentario de *Guemará* sobre este. Este Tratado consiste de éticos principios morales y dichos sabios sobre cómo vivir.

Tratado *Berajot* (Bendiciones) – Este Tratado discute las oraciones que decimos cada día así como las bendiciones que decimos a lo largo del día sobre el alimento y la bebida.

Tratado *Taanit* (Ayuno) – Este Tratado discute las leyes de los días de ayuno y los procedimientos y oraciones relacionados.

Tres Superiores – El término usado para referirse a las tres primeras *Sefirot*: *Kéter* (Corona), *Jojmá* (Sabiduría), y *Biná* (Inteligencia). De las Diez *Sefirot*, estas tres están en el plano más alto de la existencia.

Tsimtsum – El rechazo voluntario de la Vasija o restricción de la Luz Divina en el Mundo Infinito debido al concepto del Pan de Vergüenza y el deseo de la Vasija de ser independiente y similar a Dios. En el mundo físico inferior la restricción, si no es hecha voluntariamente, es impuesta.

Valor Numérico – Hay 22 letras hebreas, cada una con un valor numérico que va de 1 a 400, las cuales, cuando se combinan producen palabras y frases con sus propios valores únicos numéricos. Palabras o frases que tienen el mismo valor numérico nos entregan introspección espiritual para nuestras vidas. Las principales fuentes para descifrar estas combinaciones son: *Séfer Yetsirá* (*Libro de la Formación*), el *Zóhar* y los *Escritos del Arí*.

Vasija – El Deseo de Recibir que existe en todas las cosas de la Creación.

Vegetal – De los cuatro Reinos (Inanimado, Vegetal, Animal, Hablante), este es el segundo nivel, con un Deseo de Recibir más intenso que el Reino Inanimado, pero menor que los Reinos Animal y Hablante.

Vestido – Toda energía espiritual, como la Fuerza la Luz del Creador, necesita estar oculta para ser revelada. Este ocultamiento es mencionado como vestido. Nuestros pensamientos, palabras y acciones son vestidos para la Fuerza de la Luz del Creador. Nuestro cuerpo es el vestido para nuestra alma. La Torá es el vestido para el Creador. Cuando una Vasija recibe asistencia de una Vasija inferior, entonces la inferior es un ropaje o vestido para la Vasija superior.

***Yejidá* (Unidad)** – La parte quinta y final del alma de una persona cuando esta se une completamente con la Luz del Creador.

Yeshayahu – Uno de los profetas más importantes (circa 740 AEC) quien predicó por la justicia social basada en el entendimiento de la Providencia del Creador. Exhortó al pueblo a reconectarse a la espiritualidad en vez de a la religión dogmática.Yeshayahu profetizó el final de los días donde habría paz en la Tierra y una realidad donde "un lobo morará con un cordero".

***Yesod* (Fundamento)** – El noveno de los diez niveles (*Sefirot*) que existen en cada uno de los Cuatro Mundos Espirituales. *Yesod* es la representación final del sustento y la abundancia. La Carroza para la *Sefirá* de *Yesod* es Yosef Hatsadik, quien proveyó sustento y abundancia de Egipto al mundo entero durante una hambruna, como está descrito en el *Libro de Génesis*.

"Yo lo apresuraré" – En el *Libro de Isaías* (60:22) hay una sección que habla acerca de los días de la Redención Final, donde no habrá más guerra ni derramamiento de sangre, ni caos, ni sufrimiento. Si cambiamos nuestra naturaleza egoísta y nos ganamos este mérito, entonces el Creador dice a Yeshayahu: "Yo lo apresuraré", significando traer más pronto la Redención Final.

Zóhar – Escrito por el gran sabio Rav Shimón bar Yojái, esta obra de 23 volúmenes es la base y fuente de todas las enseñanzas de la Kabbalah que tenemos hoy.

Más libros que pueden ayudarte a incorporar la sabiduría de la Kabbalah a tu vida

La Sabiduría de la Verdad: 12 ensayos del santo Kabbalista Rav Yehuda Áshlag
Rav Yehuda Áshlag, editado por Michael Berg

Rav Yehuda Áshlag, uno de los más profundos místicos del siglo XX, es reverenciado por los estudiantes de Kabbalah aun hoy en día por su capacidad única para hacer inteligibles conceptos complejos. *La Sabiduría de la Verdad* contiene doce ensayos de Rav Áshlag que cubren todas las verdades básicas de la Kabbalah. Esta nueva traducción del hebreo original ha sido completamente reeditada por el erudito Kabbalista Michael Berg, quien también ha contribuido con una introducción muy útil.

Y Escogerás La Vida: Un ensayo sobre la Kabbalah, el propósito de la vida y nuestro verdadero trabajo espiritual
Rav Yehuda Áshlag, editado por Michael Berg

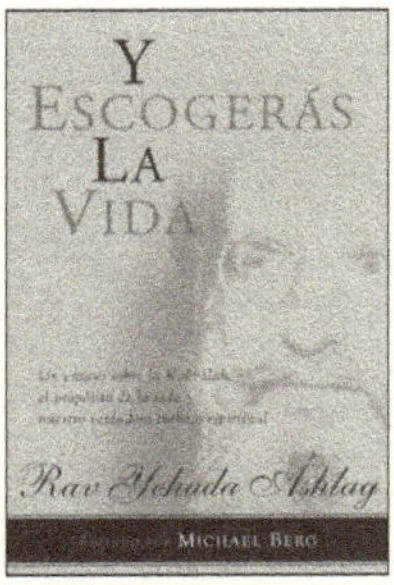

Este libro nos revela a uno de los principales pensadores kabbalísticos de todos los tiempos. El texto es profundo y complejo. Uno de los aspectos más estimulantes es el tono de urgencia. Cuando la sociedad era barrida por el dolor y el sufrimiento, Rav Áshlag trataba de explicar que, a pesar de los eventos externos, el Creador es bueno. "Escoger la vida" significa desafiar la manera aletargada en la que la mayoría de la gente vive. Significa formar una conexión con Dios, eliminar el ego y seguir el camino espiritual de la Kabbalah. Aunque fue escrito hace muchas décadas, estos ensayos son intemporales. Los pensamientos y mensajes dentro de este texto son los que condujeron a la formación del Centro de Kabbalah.

El Zóhar

Creado hace más de 2.000 años, el Zóhar es un compendio de 23 volúmenes y un comentario sobre asuntos bíblicos y espirituales, escrito en forma de conversaciones entre maestros. Fue entregado por el Creador a la humanidad para traernos protección, para conectarnos con la Luz del Creador y, finalmente, cumplir nuestro derecho de nacimiento: transformarnos. El Zóhar es una herramienta efectiva para alcanzar nuestro propósito en la vida.

Hace más de ochenta años, cuando el Centro de Kabbalah fue fundado, el Zóhar había desaparecido virtualmente del mundo. Hoy en día, todo eso ha cambiado. A través de los esfuerzos editoriales de Michael Berg y El Centro de Kabbalah, el Zóhar está disponible en su arameo original y, por primera vez, en inglés y español con comentario.

Enseñamos Kabbalah, no como un estudio académico, sino como un camino para crear una vida mejor y un mundo mejor.

QUIÉNES SOMOS

El Centro de Kabbalah es una organización sin fines de lucro que hace entendibles y relevantes los principios de la Kabbalah para la vida diaria. Los maestros del Centro de Kabbalah proveen a los estudiantes con herramientas espirituales basadas en principios kabbalísticos que los estudiantes pueden aplicar como crean conveniente para mejorar sus propias vidas y, al hacerlo, mejorar el mundo. El Centro fue fundado en el año 1922 y actualmente se expande por el mundo con presencia física en más de 40 ciudades, así como una extensa presencia en internet. Para conocer más, visita es.kabbalah.com.

QUÉ ENSEÑAMOS

Existen cinco principios centrales:

- **Compartir:** Compartir es el propósito de la vida y la única forma de verdaderamente recibir realización. Cuando los individuos comparten, se conectan con la fuerza energética que la Kabbalah llama Luz, la Fuente de Bondad Infinita, la Fuerza Divina, el Creador. Al compartir, uno puede vencer el ego, la fuerza de la negatividad.
- **Conocimiento y balance del Ego:** El ego es una voz interna que dirige a las personas para que sean egoístas, de mente cerrada, limitados, adictos, hirientes, irresponsables, negativos, iracundos y llenos de odio. El ego es una de las principales fuentes de problemas ya que nos permite creer que los demás están separados de nosotros. Es lo contrario a compartir y a la humildad. El ego también tiene un lado positivo, lo motiva a uno a tomar acciones. Depende de cada individuo escoger actuar para ellos mismos o considerar también el bienestar de otros. Es importante estar conscientes de nuestro ego y balancear lo positivo y lo negativo.
- **La existencia de las leyes espirituales:** Existen leyes espirituales en el universo que afectan la vida de las personas. Una de estas es la Ley de causa y efecto: lo que uno da es lo que uno recibe, o lo que sembramos es lo que cosechamos.

- **Todos somos uno:** Todo ser humano tiene dentro de sí una chispa del Creador que une a cada uno de nosotros a una totalidad. Este entendimiento nos muestra el precepto espiritual de que todo ser humano debe ser tratado con dignidad en todo momento, bajo cualquier circunstancia. Individualmente, cada uno es responsable de la guerra y la pobreza en todas partes en el mundo y los individuos no pueden disfrutar de la verdadera realización duradera mientras otros estén sufriendo.

- **Salir de nuestra zona de comodidad puede crear milagros:** Dejar la comodidad por el bien de ayudar a otros nos conecta con una dimensión espiritual que atrae Luz y positividad a nuestras vidas.

CÓMO ENSEÑAMOS

Cursos y clases. A diario, el Centro de Kabbalah se enfoca en una variedad de formas para ayudar a los estudiantes a aprender los principios kabbalísticos centrales. Por ejemplo, el Centro desarrolla cursos, clases, charlas en línea, libros y grabaciones. Los cursos en línea y las charlas son de suma importancia para los estudiantes ubicados alrededor del mundo quienes quieren estudiar Kabbalah pero no tienen acceso a un Centro de Kabbalah en sus comunidades.

Eventos. El Centro organiza y dirige una variedad de eventos y servicios espirituales semanales y mensuales en donde los estudiantes pueden participar en charlas, meditaciones y compartir una comida. Algunos eventos se llevan a cabo a través de videos en línea en vivo. El Centro organiza retiros espirituales y tours a sitios energéticos, los cuales son lugares que han sido tocados por grandes Kabbalistas. Por ejemplo, los tours se llevan a cabo en lugares en donde los kabbalistas pudieron haber estudiado o han sido enterrados, o en donde los textos antiguos como el Zóhar fueron escritos. Los eventos internacionales proveen a los estudiantes de todo el mundo la oportunidad de hacer conexiones con energías únicas disponibles en ciertas épocas del año. En estos eventos, los estudiantes se reúnen con otros estudiantes, comparten experiencias y construyen amistades.

Voluntariado. En el espíritu del principio Kabbalístico que enfatiza el compartir, el Centro provee un programa de voluntariado para que los estudiantes puedan participar en iniciativas caritativas, las cuales incluyen compartir la sabiduría de la Kabbalah a través de un programa de mentores. Cada año, cientos de voluntarios estudiantes organizan proyectos que benefician sus comunidades tales como alimentar a las personas sin hogar, limpiar playas y visitar pacientes de hospitales.

Uno para cada uno. El Centro de Kabbalah busca asegurar que cada estudiante sea apoyado en su estudio. Maestros y mentores son parte de la infraestructura educativa que está disponible para los estudiantes 24 horas al día, siete días a la semana. Cientos de maestros están disponibles a nivel mundial para los estudiantes así como programas de estudio para que continúen su desarrollo. Las clases se realizan en persona, vía telefónica, en grupos de estudio, a través de seminarios en línea , e incluso con estudios auto dirigidos en formato audio o en línea.

Programa de mentores. El programa de mentores del Centro provee a nuevos estudiantes con un mentor para ayudarlo a comprender mejor los principios y las enseñanzas kabbalísticas. Los mentores son estudiantes experimentados quienes están interesados en apoyar a nuevos estudiantes.

Publicaciones. Cada año, el Centro traduce y publica algunos de los más desafiantes textos para estudiantes avanzados incluyendo el Zóhar, *Los escritos del Arí*, y las Diez emanaciones con comentario. Extraído de estas fuentes, el Centro de Kabbalah publica libros anualmente en más de 30 idiomas y a la medida de estudiantes principiantes e intermedios, las publicaciones son distribuidas alrededor del mundo.

Proyecto Zóhar. el Zóhar, texto principal de la sabiduría kabbalística, es un comentario de temas bíblicos y espirituales, compuesto y compilado hace más de 2000 años y es considerado una fuente de Luz. Los kabbalistas creen que cuando es llevado a áreas de oscuridad y de agitación, el Zóhar puede crear cambios y traer mejoras. El Proyecto Zóhar del Centro de Kabbalah comparte el Zóhar en 30 países distribuyendo copias gratuitas a organizaciones e individuos como reconocimiento de sus servicios a la comunidad y en áreas donde hay peligro. Más de 400,000 copias del Zóhar fueron donadas a hospitales, embajadas, sitios de oración, universidades, organizaciones sin fines de lucro, servicios de emergencia, zonas de guerra, locaciones de desastres naturales, a soldados, pilotos, oficiales del gobierno, profesionales médicos, trabajadores de ayuda humanitaria, y más.

www.ingramcontent.com/pod-product-compliance
Lightning Source LLC
Chambersburg PA
CBHW020442100426
42812CB00036B/3413/J
* 9 7 8 1 5 7 1 8 9 9 5 1 4 *